LES PLUS BEAUX MYTHES

DE TOUS LES TEMPS

A notre bien cher Jérôme

en souvenir de

NOËL 1989

de la part des grands parents
d'ALSACE

Henri et Raymonde SCHOTT-SCHWOB

LES PLUS BEAUX MYTHES DE TOUS LES TEMPS

Texte de
Václav Cibula

Illustrations de
Ervín Urban

Adaption française de
Catherine Hyndrak

Gründ

GARANTIE DE L'ÉDITEUR

Pour vous parvenir à son plus juste prix, cet ouvrage a fait l'objet d'un gros tirage. Malgré tous les soins apportés à sa fabrication, il est malheureusement possible qu'il comporte un défaut d'impression ou de façonnage. Dans ce cas, ce livre vous sera échangé sans frais.

Veuillez à cet effet le rapporter au libraire qui vous l'a vendu ou nous écrire à l'adresse ci-dessous en nous précisant la nature du défaut constaté. Dans l'un ou l'autre cas, il sera immédiatement fait droit à votre réclamation.

Librairie Gründ — 60 rue Mazarine — 75006 Paris

Adaptation française de Catherine Hyndrak
Texte original de Václav Cibula
Illustrations de Ervín Urban
Première édition française 1989 par Librairie Gründ, Paris

ISBN: 2-7000-1657-2
Dépôt légal: mars 1989

Imprimé en Tchécoslovaquie par Svoboda, Prague
Édition originale 1989 par Artia, Prague

1/20/08/53-01
Loi n° 49-956 du 16 juillet 1949 sur les publications destinées à la jeunesse

TABLE DES MATIÈRES

INTRODUCTION

Les héros des mythes que vous allez découvrir dans quelques instants ressemblent en bien des points aux personnages des contes. Tout comme eux, ils partent pour de longues aventures à la recherche de la justice, ils affrontent le mal, rencontrent des êtres extraordinaires, déjouent les pièges et n'échappent parfois que de justesse à la malice et à la méchanceté de leurs ennemis. Tout comme dans les contes, le bien triomphe toujours du mal, la ruse de la bêtise et grâce à des tours de magie le héros réussit à remplir sa mission.

Les villes et les pays dont parlent nos mythes et légendes existent réellement ; vous pourrez les trouver sur n'importe quelle carte. Contrairement au monde des contes, celui des mythes n'est pas imaginaire, pas plus que les hommes que nous y rencontrons ; ils ont bel et bien vécu autrefois et se sont montrés si courageux qu'on ne les a pas oubliés.

Les étranges destins des héros n'ont rien perdu de leur charme à travers les siècles et, aujourd'hui encore, de nombreux lecteurs se laissent transporter avec plaisir dans leurs aventures.

L'ANNEAU DE GYGÈS

Dans la très lointaine Lydie vivait autrefois un pauvre berger qui s'appelait Gygès. Il gardait les brebis du roi dans les montagnes. Il vivait modestement, se nourrissant de galettes noires et de fromage, buvant du lait de brebis ou bien de l'eau des sources et des torrents. Les jours s'écoulaient paisiblement et Gygès vivait heureux dans ses montagnes.

Et puis, un jour, le ciel se fit tout noir et menaçant, un violent orage éclata. Apeurés, les moutons se blottirent les uns contre les autres sur le versant de la montagne. Gygès se mit en quête d'un abri. Aveuglé par les éclairs et les trombes d'eau, il s'égara dans la forêt. Il marcha longtemps . . . Il était trempé jusqu'aux os et à bout de forces lorsqu'il trouva refuge sous un rocher.

L'orage s'éloigna aussi vite qu'il était venu et le soleil brilla de nouveau. Gygès regarda autour de lui : il se trouvait dans une clairière jonchée d'arbres déracinés. Il allait partir à la recherche de ses moutons quand il aperçut entre les racines nouées d'un chêne abattu une ouverture sombre. Intrigué, il y pénétra, mais ce qu'il découvrit le laissa bouche bée : devant lui s'élevait une immense statue, celle d'un cheval en bronze. Gygès fit lentement le tour de l'animal et découvrit dans son flanc une petite porte entrouverte. Il prit son courage à deux mains et l'ouvrit en grand. A cet instant-là, un rayon de soleil se glissa dans la grotte et illumina le cheval. Le berger fut frappé de stupeur : un homme était enterré dans les entrailles du cheval. Il portait au doigt un anneau brillant. Effrayé, Gygès recula d'un pas, puis il s'arrêta et fixa un long moment la main qui portait l'anneau. L'inconnu semblait la lui tendre. Gygès se dit en lui-même:

« Un mort, cela n'a pas besoin de bague. A quoi pourrait-elle lui servir maintenant? On dirait qu'il me la tend comme s'il voulait me l'offrir. »

D'une main tremblante, il ôta l'anneau brillant du doigt de l'inconnu et regagna rapidement la clairière inondée de soleil.

Là, il examina attentivement la bague. Elle portait une pierre noire sertie dans un cercle en or. Sur la pierre était gravé un œil humain. Gygès fit tourner ce précieux bijou sur son doigt pour l'observer sous toutes ses facettes. Il entendit alors ses moutons bêler au loin ; il garda l'anneau et courut vers son troupeau.

Il retrouva ses moutons sur la pente du ravin et quitta le plateau pour se diriger lentement vers la bergerie. Le soleil se couchait sur la crête de la montagne, mais Gygès n'avait plus peur de se perdre. Les autres moutons étaient déjà rentrés, il les entendait de loin bêler. En se rapprochant, il entendit aussi les bergers parler. Il s'arrêta pour les écouter.

« Regardez ! » s'écria l'un d'eux, « Gygès a bien dressé ses moutons ! Ils rentrent seuls à la bergerie pendant que leur patron dort sous un arbre ! »

« Pourvu qu'il ne lui soit rien arrivé pendant l'orage ! » ajouta un second berger d'une voix inquiète. « S'il n'est pas rentré d'ici la nuit, nous partirons à sa recherche. Cette nuit sera claire. »

Et pourtant Gygès se tenait à quelques pas d'eux, tout surpris de ne pas être vu. C'est alors qu'il se souvint de l'anneau ; il devait avoir un pouvoir magique. Voilà ce que devait sans doute signifier cet œil humain sur la pierre ! Il se rapprocha de ses compagnons en faisant lentement tourner le chaton.

« D'où sors-tu ? » s'écrièrent les bergers surpris et effrayés. « Nous qui allions partir à ta recherche . . . »

Tout s'éclaira : lorsqu'il tournait le chaton vers la paume de sa main, il devenait invisible ; lorsqu'il remettait le chaton à l'endroit, il redevenait visible. Il ne souffla pas le moindre mot de sa découverte : il préférait garder son secret pour lui.

Peu de temps après, il trouva une excellente occasion pour utiliser son anneau magique. Quelques jours s'étaient écoulés. Les bergers étaient rassemblés autour d'un feu de camp ; ils discutaient et se plaignaient,

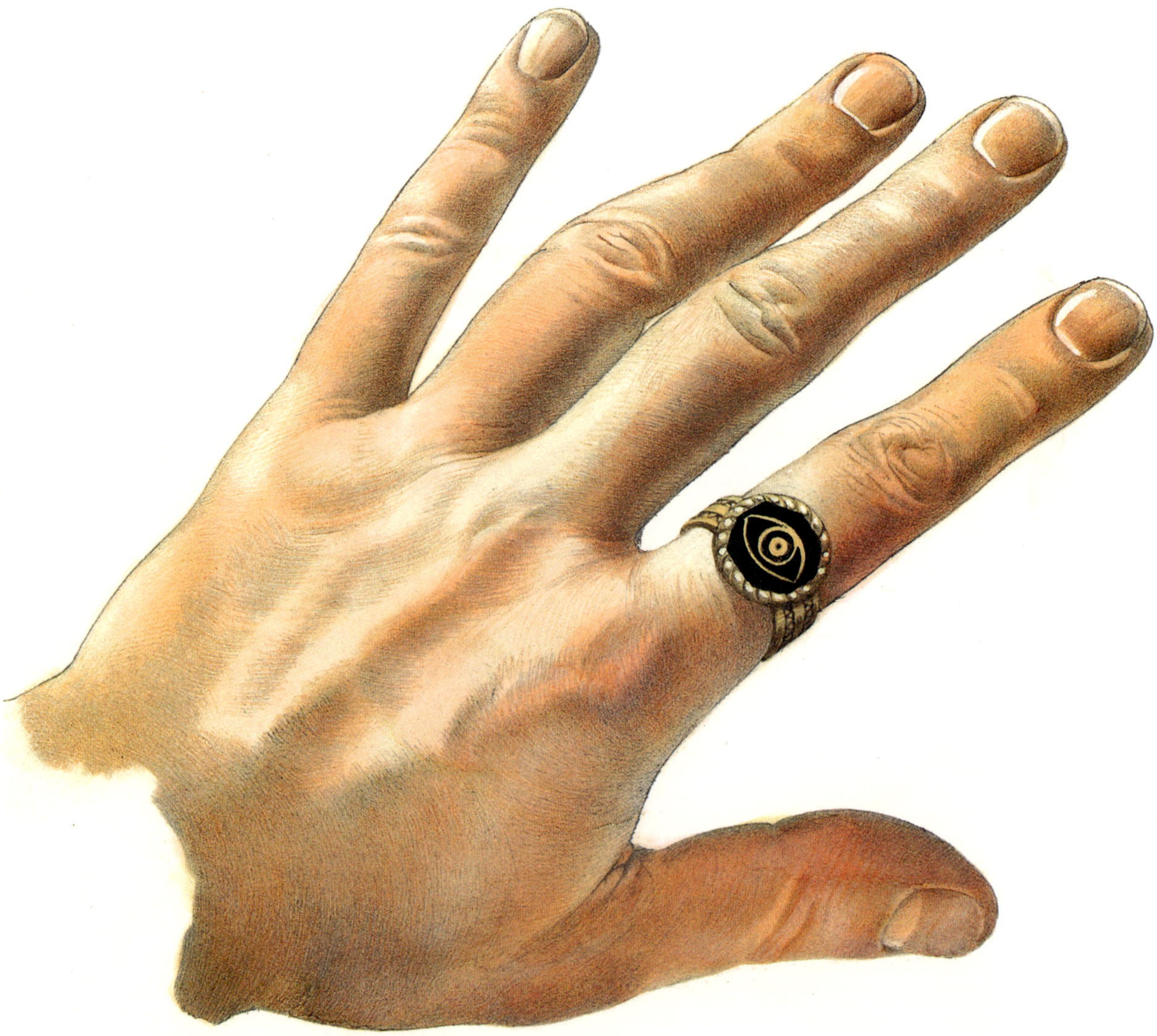

car depuis quelque temps leurs meilleurs moutons disparaissaient alors qu'ils étaient gardés par deux jeunes pâtres à l'œil très vif.

Gygès les écouta en silence, le regard plongé dans les flammes qui dansaient. Au bout d'un moment, il leur dit :

« Demain, je vous dirai le nom du voleur. »

Pendant la nuit, après la veillée, Gygès tourna le chaton vers la paume de sa main et se dirigea vers l'endroit où dormaient les deux jeunes gens. Il marchait sur la pointe des pieds, veillant à ne pas faire craquer de brindilles et retenant sa respiration. Il s'arrêta près des deux compères qui n'avaient pas la moindre intention de dormir.

« Allons-y », dit l'un d'eux, « j'ai choisi les moutons, je les ai mis de côté. Notre client nous attend au pied du ravin. Ne faisons pas de bruit, il ne faut pas que Gygès nous entende ! »

Le second pouffa de rire.

« Tu ne penses tout de même pas qu'il pourrait nous surprendre ! Il faisait le fanfaron ce soir. A l'heure qu'il est, il est bien au chaud, emmitouflé dans sa pelisse ! »

Les deux pâtres se dirigèrent en silence vers le bois où ils avaient caché les trois plus gras moutons du troupeau sous les branches touffues d'un hêtre. Ils les firent avancer par le sentier qui menait à la vallée et les donnèrent à l'acheteur.

Gygès se tenait à quelques pas d'eux. Il entendit tinter les pièces dans les mains des deux compères. Le berger n'attendit pas plus longtemps : il fonça sur les deux voleurs et sur le maquignon avec la force d'un bélier. Effrayés, ces derniers appelèrent à l'aide, ils essayèrent de se protéger des coups qui pleuvaient sur eux, mais ils ne voyaient personne. Ils détalèrent alors à toutes jambes dans le bois. Gygès reconduisit les moutons dans la bergerie et attendit le retour des jeunes pâtres. Puis il s'allongea à l'abri du vent, remonta sa pelisse et s'endormit.

Le lendemain matin, après avoir compté les moutons, l'aîné des bergers s'écria joyeusement :

« Pas un mouton ne manque ! »

« Je sais », répondit Gygès. «Cette nuit, un grand loup voulait s'y faire les dents mais je l'ai chassé de là. Il a reçu tant de coups qu'il n'est pas prêt de se montrer ! »

Tout en parlant, il fixait des yeux les deux pâtres qui baissaient la tête, trop heureux de ne pas être dénoncés.

A partir de ce jour-là, jamais un seul mouton ne disparut dans les troupeaux du roi. Les bergers vantèrent la force et le courage de Gygès ; sa renommée ne tarda pas à atteindre les villages de la vallée. Chacun y ajoutait sa petite histoire en racontant les exploits du berger ; on finit par parler de lui en ville et puis à la cour du roi Candaule. Le roi était très curieux de voir de ses propres yeux cette force de la nature. Il invita Gygès à venir le voir dans son palais.

Gygès glissa dans sa besace un morceau de fromage de brebis et se mit en route. La nuit venue, il ramassa de l'herbe sèche qu'il entassa pour s'y coucher. Mais il aperçut non loin de là, dans une clairière, les lueurs d'un feu de bois. Il se leva et s'en approcha silencieusement. Plusieurs hommes étaient assis autour du feu. Il tourna le chaton de sa bague et s'approcha plus près.

« Ce sera pour demain, avant minuit », racontait l'un d'eux, « nous ne pouvons plus attendre. Au matin, nous serons bien loin des montagnes avec le trésor du roi ! »

Gygès comprit qu'il s'agissait de brigands. Il écouta attentivement leur conversation et apprit ainsi ce qu'ils comptaient faire : ils devaient pénétrer dans le palais sans la moindre difficulté grâce à un garde qui s'était fait leur complice ; ils s'empareraient du trésor et ensuite se partageraient les pièces d'or. Gygès s'en revint sur son tas d'herbe, s'allongea et s'endormit jusqu'au matin. A son réveil, à l'aube, les brigands étaient déjà partis. Il se dirigea vers le palais en toute hâte.

Candaule l'accueillit aussitôt et lui demanda de raconter ses prouesses.

« La force n'est pas tout ! » répondit Gygès. « Il est plus important de connaître des choses que tout le monde ignore. Il faut aussi savoir bien conseiller celui qui en a besoin, et aider celui qui se trouve dans une situation difficile. »

« Tu parles comme un sage », le félicita le roi, « mais crois-tu que j'aie besoin de conseil ou d'aide ? »

« Tu en as besoin ; écoute-moi et tu en auras la preuve ! Ce soir, à minuit, des brigands tenteront de voler le trésor. Renforce les gardes à la porte nord du palais. »

Le roi suivit ses conseils. Les brigands tombèrent aux mains des gardes à minuit sonnant.

Le roi nomma Gygès premier conseiller en signe de reconnaissance et le pria de rester au palais.

Gygès lui donnait de bons conseils. Il se promenait invisible au marché, dans les rues de la ville, dans les couloirs du palais. Il attrapait les voleurs et les filous, réparait les injustices. Aucune mauvaise action, aucun méfait ne restaient impunis. Il savait toujours tout à l'avance et empêchait bien des crimes. Il n'utilisait jamais à mauvais escient son pouvoir magique et le roi appréciait ses services. Tout le pays s'accordait à penser que la Lydie n'avait jamais connu autant de justice que sous le règne du roi Candaule et de son conseiller Gygès.

Les années s'écoulèrent. Et puis, une nuit, Gygès fit un rêve étrange : une pâle silhouette s'était approchée de son lit et, à la lueur de la lune, il avait reconnu l'homme enterré dans les entrailles du cheval.

« N'aie pas peur ! » lui dit ce dernier, « je suis venu te féliciter pour le bon usage de l'anneau, tu n'as jamais abusé de son pouvoir. C'est pour cette raison que je tiens à te prévenir : un danger te guette ! »

« Quel danger ? » demanda Gygès.

« Tu comprendras toi-même. Tourne le chaton et rends-toi dans la chambre du roi. Il n'y a pas de temps à perdre ! »

Sur ces paroles, l'homme disparut. Gygès se réveilla troublé, ne sachant si c'était un rêve ou la réalité. Il se leva cependant et se précipita dans la chambre du roi. Il s'arrêta à la porte. Le commandant des gardes était penché sur le lit, une épée ensanglantée en main. Il venait de la retirer de la poitrine de Candaule. La pointe de l'épée était cassée. Les amis de l'assassin l'entouraient et regardaient sans souffler mot le cadavre du roi. Parmi eux, Gygès reconnut ses plus mortels ennemis dont il avait à plusieurs reprises déjoué les plans les plus infâmes.

Le commandant des gardes promena un regard victorieux sur les conjurés.

« Nous en avons fini avec le roi », dit-il à voix basse. « Demain ce sera le tour de Gygès. » Il éclata de rire et ils quittèrent tous la chambre du roi. Gygès revint dans la sienne pour attendre l'aube.

Le jour était à peine levé quand un garde ce rua dans sa chambre et le traîna devant la reine.

« On t'accuse d'avoir assassiné le roi cette nuit », lui dit la reine en larmes. « Es-tu réellement coupable ? On t'accuse de lui avoir transpercé le cœur avec ton épée. »

Gygès se pencha vers elle :

« Ma reine », lui répondit-il à voix basse,

« que tous les hommes du palais déposent leurs armes à tes pieds et tu sauras qui est le véritable assassin ! »

Les épées s'entassèrent aux pieds de la reine. Gygès les examina toutes attentivement, puis il retira l'épée du commandant et la montra à la reine :

« Observe bien cette épée, ma reine. Comme tu peux le voir, sa pointe est cassée. Le bout qui manque se trouve dans la poitrine du roi. »

La reine fit examiner la blessure par le chirurgien du palais qui y découvrit, en effet, un morceau de métal. Il correspondait parfaitement à la pointe de l'épée cassée.

L'assassin fut puni et ses complices chassés du pays. Toute la ville et tout le royaume célébrèrent Gygès.

Le berger demeura au palais et devint le conseiller de la reine. Un jour, elle lui demanda de régner à ses côtés et, comme elle admirait sa sagesse et sa droiture, elle l'épousa quelques années plus tard.

C'est ainsi que le berger Gygès devint roi de Lydie. On raconte que ce fut un très bon roi. Jamais il ne confia son secret à personne. Et lorsqu'il mourut, il fut enterré avec son anneau magique au doigt.

LE ROI MIDAS

Il y a très longtemps de cela régnait en Phrygie le roi Midas. Il vivait dans un somptueux palais et se croyait aussi intelligent et riche que les dieux. Midas était très vaniteux, il ne supportait pas d'être critiqué ; aussi personne n'osait lui laisser entendre qu'il agissait sottement et follement.

Parmi toutes les divinités, le roi Midas admirait plus particulièrement Dyonisos, le dieu du vin. Il avait été plus d'une fois convié à sa table, ce dont il était naturellement fier. Dyonisos était en effet un des dieux les plus célèbres. Il se déplaçait dans un char doré, orné de grappes de raisin et tiré par des lions et des tigres. Il lui suffisait d'effleurer un rocher avec une baguette magique pour qu'il en jaillisse du vin. Lorsqu'il touchait l'eau d'une rivière, elle se changeait en miel sirupeux. Partout où il allait, les gens se réjouissaient, les malades guérissaient comme par enchantement ; tout le monde était heureux et joyeux en le voyant. Le roi Midas admirait Dyonisos, mais il en était un peu jaloux.

Un jour, des paysans conduisirent chez le roi Midas un vieillard chauve qu'ils avaient surpris en train de ramasser des grappes de raisin dans les vignes du roi. Midas le reconnut aussitôt : c'était Silène, le père nourricier et l'ami de Dyonisos. Silène ne ratait pas un seul banquet, pas une seule fête donnés par le dieu. Après de longues années de bonne chère, il avait tant grossi qu'il tenait difficilement sur ses jambes ; d'ailleurs, il ne marchait plus, il utilisait un âne pour se déplacer. Son attelage paraissait misérable à côté du magnifique char doré de Dyonisos, mais c'était une raison de plus pour s'amuser et pour rire.

Midas serra Silène dans ses bras comme s'il venait de retrouver son meilleur ami. Il fit dresser une splendide table, ses esclaves apportèrent son meilleur vin et les mets les plus délicats ; Midas invita des musiciens et des chanteurs. Le banquet dura dix jours et dix nuits. Le onzième jour, le roi demanda qu'on attelle son plus bel âne et le fit décorer de fleurs et de feuilles ; il l'offrit ensuite à Silène qu'il raccompagna en grande pompe chez Dyonisos.

Pendant ce temps, Dyonisos avait fait rechercher Silène, mais sans succès. Lorsqu'il vit son ami sain et sauf, il embrassa Midas et lui dit :

« Je te suis très reconnaissant d'avoir ainsi traité Silène. Pour te remercier, je suis prêt à tout te donner ; fais un vœu et je l'exaucerai. »

Midas connaissait les pouvoirs magiques de Dyonisos. Il s'inclina très respectueusement et lui répondit avec une modestie feinte :

« J'aimerais que tout ce que je touche se change en or. Ce sera sans doute un jeu d'enfant pour toi ! »

Dyonisos lui sourit tristement. Il hocha la tête et lui dit :

« Et bien, qu'il en soit selon tes désirs ! Mais tu n'as pas fait preuve de sagesse, tu

aurais pu choisir une meilleure récompense ! »

Sur ces paroles, ils se séparèrent. Midas, fou de bonheur, s'en revint à son palais. En chemin, il voulut s'assurer que Dyonisos avait bien tenu parole. Il s'approcha d'un arbre et arracha une petite branche : elle se mit aussitôt à briller si fort qu'il dut se protéger les yeux de la main. Le roi Midas bondit de joie. Il voulut arracher une feuille mais elle tenait fermement à la branche et était en or battu. Midas se baissa pour ramasser un caillou sur le chemin, le caillou se changea en pépite d'or. Il cueillit une pomme à un pommier, il faillit la laisser tomber tant elle était lourde ; c'était une pomme en or. Le roi était arrivé devant son palais. Il se pencha au-dessus du ruisseau qui serpentait sous les remparts et prit de l'eau dans la paume de sa main: l'eau devint dorée et se mit à étinceler si violemment qu'elle le fit cligner des yeux. Il rentra dans son palais en poussant des cris de joie.

Midas était enfin comblé, il allait être le roi le plus riche du monde, personne ne serait plus puissant que lui !

Il décida d'offrir un grand banquet pour fêter l'événement. Les tables pliaient sous le poids des victuailles et du vin. Midas attrapa un bout de pain et le porta à sa bouche, mais il se changea aussitôt en or. Il saisit un morceau de viande rôtie mais, à peine le tenait-il en main, qu'il s'était changé en palet d'or. Il porta une coupe à ses lèvres, l'eau fraîche se changea en écailles d'or. Il ne pouvait pas avaler le moindre grain de raisin ou une gorgée de vin. Tout ce qu'il touchait se changeait en or.

C'est alors qu'il comprit : il allait mourir de faim et de soif. Il se mit à trembler de peur.

Il fit seller son cheval et galopa ventre à terre jusque chez Dyonisos. Il se jeta à ses pieds et, les mains jointes, les yeux emplis de larmes, il l'implora : « Pardonne-moi, Dieu tout-puissant ! Ce vœu n'était qu'une folie ! Je t'en prie, libère-moi de ce châtiment, que tout redevienne comme avant ! »

Dyonisos avait bon cœur, il eut pitié de Midas.

« Réfléchis bien avant de parler la prochaine fois. J'espère que cette aventure t'aura servi de leçon. Et maintenant, va te baigner de la tête aux pieds dans les eaux du Pactole. Tu te débarrasseras ainsi de la malédiction qui te poursuit. »

Midas le remercia, il courut vers la rivière et s'y plongea. L'eau se mit à étinceler comme la poussière d'or mais Midas se lava si longuement qu'il ne resta plus dans ses mains que de l'eau aussi limpide et pure que du cristal. Depuis ce jour-là, le Pactole charrie de l'or et aujourd'hui encore son sable contient des paillettes d'or.

Le roi s'en revint soulagé au palais. Il ne désirait plus ni or, ni argent, ni richesses. Les merveilles que contenait sa demeure le dégoûtaient. On le vit déambuler dans les couloirs déserts du palais. Il allait aussi se promener dans les bois, les clairières, les champs et les pâturages. Il écoutait chanter les fées des bois et les bergers ; il dormait dans les grottes et sous les arbres.

Un jour, il se promenait dans les bois au pied des montagnes lorsqu'il aperçut tout à coup un groupe de personnes assemblées dans une clairière. Il s'approcha silencieusement et ce qu'il vit le frappa d'étonnement. Pan en personne, le dieu cornu des pâturages et des troupeaux, était assis sur une pierre. Il avait en guise de pieds des sabots de chèvre et tout son corps était recouvert de poils. Midas le connaissait bien ; il savait qu'il s'amusait à effrayer les voyageurs et qu'il pourchassait les nymphes dans les forêts. Il reconnut aussi la flûte que le dieu s'était fabriquée avec sept tiges de roseau et de la cire d'abeille.

En face de Pan se tenait Apollon dans un manteau de pourpre, le dieu olympien de la lumière, du soleil et de la vie. Il tenait à la main une lyre. Il portait dans ses cheveux des feuilles de laurier et sa lyre était ornée de pierres précieuses et d'ivoire. Personne n'ignorait qu'Apollon était un merveilleux musicien et que sa musique ravissait les dieux de l'Olympe. Il était toujours accompagné par les Muses, déesses des arts, et, lorsque retentissaient ses premières notes, même Arès, le dieu de la guerre, faisait silence pour l'écouter.

Midas comprit ce qui se passait: Pan et Apollon allaient concourir. Le dieu de la montagne Tmolos devait arbitrer leur rencontre.

Pan joua le premier. Sa chanson était sauvage, les notes sifflaient comme le vent entre les rochers, comme le cri du geai dans la forêt, comme le bruissement de l'eau dans les roseaux. Lorsqu'il eut terminé, le juge Tmolos fit un signe à Apollon. Apollon prit sa lyre, en pinça les cordes et dans la forêt s'élevèrent des notes aussi douces que le chant des nuages dans le ciel, le murmure des arbres sur les coteaux ; il semblait que la terre entière se fût mise à changer sous les cordes de la lyre. Quand il eut fini de jouer, personne ne parla, tous demeurèrent silencieux. Puis le juge se leva, il désigna Apollon du doigt et déclara :

« Tu es le vainqueur ! »

Cette décision révolta Midas ; il sortit de sa cachette en s'écriant :

« Le juge Tmolos n'est pas équitable ! La chanson de Pan me plaisait davantage donc c'est le meilleur musicien des deux ! Mes oreilles ne me trompent jamais ! »

Tous se figèrent. Furieux, Apollon s'approcha du téméraire, le saisit par les oreilles, les lui tira vigoureusement en s'écriant :

« Tu ne mérites pas des oreilles d'homme ! Tu auras celles qui te reviennent !»

Midas se tapota la tête et s'aperçut avec effroi qu'il avait des oreilles d'âne. Il tourna les talons et s'enfuit dans la forêt, poursuivi par les éclats de rire des dieux.

Il dissimula de son mieux ses oreilles sous un foulard et rentra tristement au palais. A partir de ce jour-là, il ne se montra jamais nu-tête, cachant toujours sa disgrâce aux yeux du monde. Cependant ses cheveux poussèrent et un beau jour il dut se résoudre à faire venir le barbier du palais. Ce dernier, en découvrant les ornements qui pendaient de chaque côté de la tête royale, resta bouche bée.

« Tu n'en souffleras pas un seul mot, tu m'entends ? » lui dit le roi Midas. « Tu es le seul au monde à connaître mon secret. Si tu me trahissais, je te ferais couper la tête. Et maintenant, au travail ! »

Le barbier jura sur ce qu'il avait de plus cher au monde d'être aussi muet qu'une carpe et, les mains tremblantes, il coupa les cheveux du roi.

Mais ce terrible secret ne le laissait pas vivre en paix ; il ne mangeait plus, ne dormait plus. Il ne pouvait plus supporter ce lourd fardeau qui l'étouffait. Mais il savait parfaitement que s'il se confiait ne serait-ce qu'à une seule et unique personne, la nouvelle se répandrait aussi vite qu'une traînée de poudre dans la ville, puis dans tout le pays et il y perdrait la vie. A force de réfléchir au moyen de s'en sortir, il eut une idée de génie.

Un matin de très bonne heure, avant le lever du soleil, il sortit de la ville pour se rendre sur les berges de la rivière. Là, il creusa dans le sol humide un trou dans lequel il chuchota son secret :

« Le roi Midas a des oreilles d'âne ! »

Il reboucha le trou et, soulagé, s'en revint chez lui.

Quelque temps plus tard des roseaux poussèrent au-dessus du trou. Lorsque le vent soufflait, ils se mettaient à chuchoter :

« Le roi Midas a des oreilles d'âne ! Le roi Midas a des oreilles d'âne ! »

Toute la ville ne tarda pas à apprendre le honteux secret du roi. La nouvelle parvint naturellement aux longues oreilles de Midas.

Il fit venir le barbier qui, agenouillé, lui avoua la vérité. Certains racontent qu'il accorda son pardon au barbier et qu'il s'assagit. D'autres prétendent que Midas porta jusqu'au dernier jour de sa vie un turban ou une tiare sur la tête. Mais, une chose est sûre : tout le pays parle aujourd'hui encore de ce roi aux longues oreilles d'âne.

PERSÉE ET ANDROMÈDE

Persée avait grandi à la cour du roi Polydecte. Lorsqu'il était enfant, il faisait déjà preuve d'un courage extraordinaire ; tout jeune, il galopait à bride abattue ou encore se mesurait à des jeunes gens plus âgés au lancement du javelot. Il aimait passionnément les histoires et en particulier les légendes dans lesquelles des héros intrépides affrontaient des dragons ou bien des géants.

Un jour le roi Polydecte lui parla des trois sœurs Gorgones. Il les lui décrivit de manière si vivante que Persée était suspendu à ses lèvres et retenait son souffle :

« Elles vivent dans l'ouest, près des nuits éternelles. Elles ont d'immenses ailes et en guise de cheveux des pelotes de serpents. La main de l'homme ne peut dominer les deux premières ; seule la troisième est mortelle. Quiconque fixe les Gorgones dans les yeux est changé en pierre. De nombreux hommes courageux ont tenté de les détruire mais aucun d'eux n'est revenu ; ils ont tous été changés en pierre. »

Persée resta songeur après ce récit ; il se leva tout à coup et courut chez sa mère Danaé pour lui annoncer :

« Je pars, je ramènerai la tête de Méduse. Lorsqu'un ennemi s'approchera de nos remparts je lui montrerai Méduse et il sera aussitôt changé en pierre. Plus personne, pas même les plus puissants, ne nous vaincront alors et nous vivrons en paix. »

Sa mère Danaé éclata en sanglots et l'implora de rester mais Persée était fermement résolu. Il partit donc. Une longue route l'attendait, il traversa nombre de rivières, de montagnes et de mers mais il ne voyait toujours pas les Gorgones. Un soir, la déesse Pallas Athéna se montra à lui dans une auréole brillante. Elle lui dit :

« J'aime ton courage. C'est pourquoi je vais t'aider. Tout seul tu ne vaincras pas les Gorgones car tu ne peux les regarder sans risquer d'être changé en pierre. Je te donne ce bouclier en cuivre aussi brillant qu'un miroir : il te protègera de leurs yeux. Si tu regardes l'image de Méduse dans ce bouclier, rien ne t'arrivera. Je te donne aussi cette épée magique, jamais elle ne manque sa cible dans les mains d'un homme valeureux. »

Persée remercia la déesse pour ces précieux présents et lui demanda :

« Où trouverai-je les trois monstres ? »

« Il n'y a que trois vieilles femmes qui le savent, ce sont leurs trois sœurs. Suis-moi, je vais te montrer le chemin qui mène à leur cabane. »

Pallas Athéna lui indiqua le chemin et Persée parvint en effet devant une cabane à moitié en ruines. Il entendit de loin les trois vieilles se disputer. Elles ne possédaient à elles trois qu'une dent et un œil qu'elles portaient à tour de rôle. Mais cela n'allait pas sans heurt ! Comme elles avaient entendu Persée approcher, elles lui crièrent toutes les trois à qui mieux mieux :

« Qui que tu sois, étranger, tu vas arbitrer notre querelle. Dis-nous à qui reviennent la dent et l'œil aujourd'hui. »

Persée saisit la dent et l'œil puis leur dit :

« Je vais trancher en toute justice. Pour qu'il n'y ait plus de disputes, je vais garder l'œil et la dent. »

Les trois vieilles se mirent à crier, à protester, à implorer. Elles se lamentèrent tant qu'elles apitoyèrent Persée. Il leur proposa alors :

« Et bien, je vous les rends mais vous devez me dire en échange où se cachent vos sœurs les Gorgones. »

Les trois vieilles refusèrent tout d'abord mais après de longues hésitations, elles se résolurent à le lui dire. Persée leur rendit la dent et l'œil puis reprit sa route, les abandonnant à leurs éternelles querelles. Il ne

tarda pas à arriver dans une oliveraie où dansaient des fées des forêts. Il leur expliqua quel était le but de son voyage et les bonnes fées lui offrirent trois précieux cadeaux : des sandales ailées qui lui permettraient de voler, un casque qui le rendrait invisible et une besace qui pouvait s'agrandir ou rétrécir à volonté.

Persée les remercia, chaussa les sandales magiques et s'envola dans les airs. Il mit le cap sur le pays des Gorgones. Il ne tarda pas à apercevoir une contrée montagneuse et sauvage dans laquelle se dressaient d'énormes rochers et de hautes pierres ; c'était ce qui restait des hommes et des animaux qui s'y étaient aventurés. Il releva la tête et ne regarda plus désormais ce paysage désolé qu'à travers son bouclier. Au bout d'un moment il découvrit les monstrueuses Gorgones. Elles dormaient toutes les trois sur une pierre. Leur corps était recouvert d'écailles de serpent, elles avaient en guise de dents des défenses de sanglier et en guise d'ongles des serres cuivrées. Il reconnut aussitôt Méduse car c'était la plus horrible des trois. Il se rapprocha d'elles en volant mais les serpents sur leurs têtes se mirent à siffler, réveillant ainsi les Gorgones. Persée brandit son épée et trancha d'un seul coup la tête de Méduse. Il la saisit et la glissa dans sa besace magique qui se rapetissa aussitôt. Les deux autres Gorgones déployèrent leurs gigantesques ailes de dragon et s'élancèrent à la poursuite de leur ennemi. Mais Persée avait mis son casque magique et il volait hors d'atteinte des monstres enragés.

Sa mission était accomplie, il décida alors de rentrer dans son pays. Mais il fut pris dans un violent ouragan qui l'entraîna au-dessus du plateau africain. Des gouttes de sang s'échappaient de sa besace. En tombant au sol, elles se transformaient en serpents venimeux ; ils se multiplièrent rapidement et dévastèrent toute cette contrée en anéantissant tout ce qui y vivait. C'est ainsi qu'apparut dans le nord de l'Afrique un immense désert.

La tempête entraîna Persée sur les rivages d'un pays qu'il connaissait bien : l'Éthiopie. Persée aperçut une foule énorme massée sur la côte. Il la survola par deux fois puis vint se poser sur la plage et ôta son casque. Des plaintes et des pleurs montaient de la foule qui avait le regard fixé sur un rocher surplombant la mer. Une belle jeune femme y était enchaînée. Le cœur de Persée se serra dans sa poitrine, il n'avait jamais vu un aussi beau visage.

« Qui est cette jeune fille ? » demanda-t-

il à son plus proche voisin. « Que se passe-t-il ? »

Ce dernier lui répondit :

« Tu es certainement étranger pour ne pas connaître le malheur qui nous frappe. Notre reine, Cassiopée, a affirmé qu'elle était bien plus belle que les nymphes de la mer, ce qui a provoqué le courroux de Poséidon, le dieu de la mer. Pour nous punir, il a envoyé un horrible monstre qui, chaque jour, sort de la mer pour avaler des hommes et des troupeaux. Céphée, notre roi, a demandé conseil à une voyante : elle lui a répondu d'offrir sa fille unique, Andromède, en sacrifice. Et tu peux la voir maintenant enchaînée sur la roche, attendant que son terrible destin s'accomplisse. »

D'immenses vagues secouèrent alors la mer et une énorme bête apparut.

Le malheureux roi serra la reine contre son cœur et s'écria :

« Il n'y a donc personne qui puisse sauver ma fille? Je lui donnerai tout ce que je possède, tous mes trésors, tout ce qu'il désirera ! »

« Moi je sauverai ta fille », s'écria Persée, « mais tu dois me la donner pour épouse ! »

Le monstre s'était approché du rocher sur lequel se tenait la malheureuse jeune fille. La foule se cachait les yeux. Persée n'attendit pas plus longtemps. Il s'envola et fondit comme un aigle sur le monstre en lui enfonçant profondément son épée dans le flanc. L'horrible bête se tordit de douleur et essaya de happer son ennemi. La mer écumait, soulevée par de puissantes vagues. Persée l'esquiva et continua à le frapper au flanc et à la tête. L'eau jaillissait de toutes parts, puis la mer devint rouge sang. Mais Persée sentait ses forces l'abandonner, ses sandales ailées se faisaient de plus en plus lourdes. Il se posa sur la roche devant la jeune fille blême. Lorsque le monstre s'approcha, il le frappa de toutes ses forces en plein gosier. Mais il remontait toujours à l'attaque, Persée comprit qu'il n'aurait pas le dessus. Tout à coup il pensa à la tête de Méduse, il l'extirpa rapidement de la besace et la dressa devant le monstre.

Le monstre se changea aussitôt en pierre et s'enfonça dans les profondeurs de la mer. Persée défit les liens d'Andromède et la serra dans ses bras pour la rassurer.

Le roi et la reine étaient déjà parvenus au pied du rocher. Les yeux emplis de larmes, ils remercièrent Persée.

« Dis-moi ce que tu veux », dit le roi, « je te donnerai de l'or, de l'argent, des pierres précieuses, tous les trésors de mon pays, mon royaume si tu le désires. Jamais je ne te remercierai assez pour avoir sauvé mon unique enfant ! »

« Je ne veux ni or, ni argent », répondit Persée. « Je ne désire qu'une seule chose : ta fille pour épouse ! »

Le roi interrogea Andromède du regard, la jeune fille approuva d'un signe de la tête.

Quelques jours plus tard, le palais de Céphée était en pleine effervescence : on célébrait les noces de Persée et d'Andromède. Le roi donnait un grand banquet auquel étaient invités de nombreux convives. La fête battait son plein lorsque, soudain, les portes de la salle s'ouvrirent en grand devant une horde d'hommes armés, conduits par Phinée, le frère du roi. Phinée avait longtemps demandé la main de la princesse. Il tenait une lance en main et s'arrêta au beau milieu de la salle. Il cria à Persée :

« Andromède m'appartient ! Tu me l'as volée. Dans notre pays, ce crime est puni de mort. »

« Arrête, malheureux ! » s'écria le roi,

« ne verse pas le sang d'un innocent ! Si tu voulais tant Andromède, pourquoi ne l'as-tu pas défendue ? Tu étais dans la foule et tu te cachais les yeux. Tu n'as aucun droit sur elle ! »

Mais ces paroles se perdirent dans le bruit du combat. Phinée s'était jeté sur Persée et avec l'aide de ses hommes l'avait repoussé contre un mur. Persée résistait courageusement à leurs assauts mais il lui était impossible de vaincre tous ses adversaires ; ils étaient trop nombreux. Alors que tout semblait perdu, Persée plongea la main dans sa besace et s'écria :

«Que mes amis se détournent ! »

Il brandit la tête de Méduse. Tous les hommes de Phinée furent changés en pierre, seul leur chef s'était mis à ramper. Il demanda grâce à Persée. Mais ce dernier s'approcha de son ennemi et lui présenta devant les yeux la tête de Méduse. Phinée se changea en pierre ; on pouvait lire sur son visage durci une expression de peur et d'effroi.

Persée décida de quitter l'Afrique pour revenir dans son pays natal. Il embarqua avec Andromède dans un navire et regagna les côtes de son pays. Sa mère les accueillit à bras ouverts, heureuse de retrouver son fils marié à une si belle et si charmante jeune femme.

Persée remit les sandales, l'épée magique, la besace et le casque aux fées et il offrit la tête du monstre à la déesse Pallas Athéna. Elle l'accrocha à sa ceinture et désormais quiconque se dressait contre elle était changé en pierre.

Persée devint roi et Andromède reine. Ils régnèrent sagement sur leur île. Ils eurent beaucoup de fils qui, comme leur père, devinrent célèbres pour leur courage.

A leur mort, les dieux envoyèrent Persée et Andromède dans le ciel où ils les changèrent en constellations. Ils y retrouvèrent le roi Céphée et la reine Cassiopée. Et nous pouvons les voir briller dans la nuit, haut dans le ciel, comme des petits points d'or.

PERDICCAS ET LES RAYONS DE SOLEIL

En Macédoine, dans les basses terres fertiles près d'Argos vivaient autrefois trois frères. L'aîné s'appelait Gauanès, le second Aeropos et le dernier Perdiccas. Gauanès gardait des chevaux, Aeropos des vaches et le plus jeune des moutons et des chèvres. Un beau jour, ils décidèrent de partir tenter leur chance de par le monde. Ils traversèrent sept rivières, sept collines et le royaume d'Illyrie et après une longue route parvinrent aux portes de Lebaie, la ville royale, dans le nord de la Macédoine. Ce long voyage les avait épuisés, le paysage montagneux leur plut, ils décidèrent de s'installer dans cette région. Ils allèrent proposer leurs services au roi qui leur demanda :

« Que savez-vous faire ? »

« Nous sommes bergers », répondit l'aîné des frères, «chez nous, nous gardions des chevaux, des vaches, des moutons et des chèvres mais nous savons tout faire. »

Après avoir examiné un instant ces vigoureux jeunes gens, le roi leur dit :

« C'est entendu, vous garderez mes troupeaux. »

Ils s'entendirent sur leurs gages et le lendemain même, les trois frères conduisirent les troupeaux dans les pâturages. Gauanès gardait les chevaux du roi, le cadet s'occupait des vaches et des taureaux, quant au benjamin, il se chargeait des chèvres et des moutons.

Au début, leur travail leur plaisait. Cependant le roi était un peu avare. Chaque fois que les trois frères demandaient à être payés, le roi se contentait de refuser d'un simple geste de la main comme s'il voulait chasser une mouche qui le gênait :

« Demain ! Nous verrons cela demain, cela ne presse pas ! Vous ne souffrez pas de la faim, n'est-ce pas ? »

Les trois frères n'avaient pas faim en effet, même s'ils se nourrissaient fort modestement. Ils buvaient du lait ou de l'eau des sources et, chaque jour, la reine leur donnait une miche de pain. A cette époque, les rois n'étaient pas aussi riches qu'on pourrait le croire et leurs palais n'étaient guère différents des autres demeures. Ainsi, la reine cuisait elle-même le pain pour ses serviteurs. Elle confectionnait des petites

miches que les trois frères devaient couper en morceaux pour qu'elles durent toute la journée. Un jour, la reine remarqua quelque chose d'étrange : la miche destinée au benjamin gonfla sous ses mains et doubla de volume par rapport aux autres. Cela l'intrigua. Le lendemain, elle pesa soigneusement chaque gramme de farine pour que Perdiccas n'ait aucun avantage. Mais, lorsqu'elle sortit le pain du four, la miche destinée à Perdiccas avait doublé de volume. Elle courut raconter à son mari cette bien étrange histoire.

Le roi était non seulement avare mais aussi très superstitieux. Il vit dans cet étrange phénomène un mauvais présage. Il fit appeler les trois frères et leur déclara qu'il n'avait plus besoin d'eux. Il leur ordonna de quitter ses terres le plus rapidement possible.

« Nous partirons, Majesté, puisque tu nous l'ordonnes », répondit l'aîné. « Mais auparavant, donne-nous nos gages ! »

Le roi se mit en colère. Il réfléchit rapidement au moyen de punir les trois frères. Il aurait pu les faire chasser, mais il devait tenir sa parole de roi, surtout lorsqu'il était entouré par ses conseillers.

Dans la salle où ils se trouvaient, il y avait une ouverture au plafond par laquelle se glissait le soleil. Ce jour-là ses rayons étaient aveuglants ; ils dessinaient sur le sol un carré doré. Le roi désigna du doigt le morceau de sol brillant et dit malicieusement aux trois frères:

« Vous exigez vos gages ; c'est votre droit. Et bien, les voilà ! Vous pouvez les emporter ! »

Les deux frères gardèrent le silence, ne sachant quoi répondre. Mais à la surprise générale, le benjamin accepta l'offre du roi et lui répondit :

« Nous acceptons ta récompense, Seigneur, et c'est avec beaucoup de joie que nous la prenons. Nous te remercions du fond du cœur. »

Puis le plus jeune des trois frères sortit son couteau, s'approcha du morceau ensoleillé et de la pointe du couteau traça sur le sol un carré. Il ramassa ensuite dans ses mains les rayons dorés et les porta à sa bouche comme pour les boire. Par trois fois il refit la même chose ; ensuite il rangea son couteau, se leva, fit un signe à ses frères et ils partirent tous les trois.

A peine ses paroles avaient-elles retenti dans la salle qu'une horde de cavaliers s'était lancée sur leurs traces.

Les trois frères étaient entre-temps parvenus sur les bords d'une petite rivière. Ils avaient traversé le courant et s'apprêtaient à poursuivre leur route lorsqu'ils entendirent soudain dans leur dos un grondement sourd. Ils firent volte-face et regardèrent ébahis : le petit cours d'eau avait tout à coup débordé, ce n'était plus une petite rivière mais un fleuve au courant impétueux. Il arrachait les arbres sur son passage et des

Le roi était stupéfait et effrayé, il se tourna vers ses conseillers pour leur demander :

« Que pensez-vous d'une si étrange conduite ? Sont-ils fous ou bien veulent-ils me ridiculiser ? »

Les conseillers se turent, naturellement. Au bout d'un moment, le plus ancien reprit ses esprits et répondit :

« Seigneur, ce jeune berger savait parfaitement ce qu'il faisait. Il n'est pas fou. J'ai bien peur que son étrange conduite ne nous présage de grands malheurs. »

Le roi tapa du pied et s'écria avec colère :

« Jamais je ne lui pardonnerai ! Que les plus rapides cavaliers se lancent immédiatement à leur poursuite et qu'ils les tuent sans pitié ! »

tourbillons sauvages agitaient ses eaux troubles.

Lorsqu'ils atteignirent la berge, les cavaliers freinèrent brutalement leur monture, ils regardèrent les eaux de la rivière monter à une allure vertigineuse. Ils n'avaient aucune envie d'affronter les vagues écumantes, ils étaient sûrs d'y laisser leur vie. Ils restèrent là, décontenancés, puis firent demi-tour et s'en revinrent au château du roi.

Les trois frères poursuivirent leur route. Depuis longtemps, ils avaient quitté les montagnes. Ils empruntèrent toutes sortes de chemins et de sentiers pour parvenir dans une plaine très fleurie. C'était le célèbre jardin des roses qu'avait autrefois créé le roi Midas. Il l'avait établi à l'endroit où Silène, le vieil adorateur de raisin, lui avait confié le secret de la nature. Dans toute la plaine poussaient des roses qui n'étaient pas cultivées : personne ne les arrosait, ne les bêchait, ne les coupait. L'air portait une senteur enivrante et les trois frères, émerveillés, admiraient les versants des collines qui éclataient de couleurs : il y avait des roses couleur rouge sang, grenat comme les nuages dans la pénombre, d'autres jaunes et d'autres encore blanches comme la neige.

« Nous allons rester ici », déclara le benjamin après un instant. « Nous y serons chez nous. »

Ses frères acceptèrent avec joie. Ils construisirent près du jardin des roses une cabane en bois ; ils capturèrent dans les montagnes des chèvres sauvages et semèrent du blé sur des terres fertiles. En peu de temps ils régnèrent sur la vallée et bientôt sur toute la Macédoine.

Ils gouvernèrent leur pays avec justice et en respectant les lois car Perdiccas, le plus jeune des trois frères, avait reçu du roi la lumière du soleil qui brillait et brille encore sur la Macédoine.

Un des descendants de Perdiccas le rusé devint célèbre dans le monde entier, on l'appelait Alexandre le Grand.

LA BELLE JARDINIÈRE

A l'endroit où devait s'élever plus tard Rome vivait autrefois une belle nymphe. Elle s'appelait Pomone. Comme elle s'occupait avec beaucoup d'amour des arbres fruitiers, elle en devint la déesse. Tout le monde l'appelait « la Fruitière ».

La déesse avait toujours vécu dans son jardin qu'elle avait transformé en un immense verger. Jamais elle n'en sortait, elle y passait toutes ses journées et s'occupait de ses arbres fruitiers comme de ses enfants. Elle coupait les pousses, taillait les branches, soignait les couronnes des arbres, les greffait en entaillant leur écorce, les arrosait lorsque leurs racines souffraient des grandes chaleurs.

Le jardin était son seul et unique amour. Jamais elle n'allait chasser dans la forêt, jamais elle n'allait rejoindre ses compagnes au bord du ruisseau pour y bavarder. Comme elle ne voulait pas être dérangée dans son domaine, la grille était fermée à sept tours. Les joyeux satyres et les faunes espiègles sautillaient en vain autour du verger, ils jouaient pour la belle Pomone de la flûte sur les coteaux mais la nymphe ne leur accordait pas le moindre regard. Elle ne répondait pas plus au vieux Priape qui restait des heures devant sa grille, l'implorant de lui adresser ne serait-ce qu'une parole.

Vertumne, le jeune dieu des saisons, brûlait aussi d'amour pour la Fruitière. Grâce à lui, les prairies se couvraient de fleurs multicolores, les jardins lui devaient leurs fruits et les champs leurs épis. Tout le monde l'aimait, seule la belle jardinière le dédaignait et lui tenait sa porte close. Vertumne avait le pouvoir de transformer la nature ; il changeait par exemple les fleurs des arbres en fruits. Mais son pouvoir s'appliquait aussi à lui-même, il pouvait changer d'apparence comme il le voulait. Il utilisa ce don pour tenter de rencontrer la charmante Pomone. Un jour, il s'approcha du verger sous les traits d'une femme qui portait un panier rempli d'épis ; un autre jour, il avait des brins de paille dans les cheveux comme s'il venait de ramasser du foin dans les prés. Il pouvait se changer aussi facilement en laboureur qui ramène ses bœufs du labour, en vigneron qui vient de tailler ses vignes, en soldat qui tient fièrement son épée, en jardinier qui va cueillir des fruits avec son échelle sur le dos, qu'en pêcheur avec un filet jeté sur l'épaule. Mais tous ses efforts restaient inutiles.

Vertumne ne savait plus que faire. Un jour il prit les traits d'une vieille femme toute courbée aux cheveux blancs retenus par un fichu. Il s'approcha de la grille d'un pas boiteux en s'appuyant sur un bâton. Il admira à haute voix la richesse du verger ; les branches des arbres ployaient sous le poids des fruits.

Ce jour-là, la grille était ouverte. Vertumne entra et s'assit sur l'herbe. Il aperçut alors Pomone. Elle se tenait sous un gigantesque orme au pied duquel poussaient de magnifiques pieds de vigne. La fée regardait les grappes de raisin mûr.

« Comme ces grappes sont belles ! » s'exclama-t-il émerveillé. «Si ce magnifique orme ne poussait pas au milieu des vignes, on ne le remarquerait peut-être pas. Et si ces pieds de vigne n'étaient pas soutenus par l'orme, ils seraient couchés dans l'herbe et ne porteraient pas de si beaux fruits. Il en va de même pour les humains. Un homme a besoin d'une femme et une femme d'un homme. Tu te trompes en vivant seule ! Chacun veut ta main : les mortels, les demi-dieux et les dieux, mais tu la refuses à tout le monde. Suis mon conseil, belle jardinière, trouve quelqu'un à qui unir ta vie ! Prends Vertumne par exemple. Fais-moi confiance, je suis une vieille femme et j'ai de l'expérience, je connais bien le cœur des hommes et des dieux. Vertumne t'aime sincèrement,

tu es son premier et son unique amour. Je le connais ; c'est un dieu sage. Il ne court pas de par le monde. Il s'est installé dans notre pays et ne veut plus le quitter pour demeurer auprès de toi, pour respirer le même air que toi. Il est encore jeune et beau. Il ne veut pas d'autre femme que toi. N'oublie pas qu'il aime les arbres et les fruits comme toi ! Ne le rejette pas, Pomone, donne-lui sa chance ! »

La vieille femme poursuivait son discours tandis que Pomone demeurait silencieuse. Elle se tenait toujours près de l'orme, le visage détourné, sans répondre. La vieille femme aux cheveux blancs était assise dans l'herbe et déversait des paroles douces comme le miel et sucrées comme le raisin qui était accroché sur les pieds de vigne.

« Sais-tu ce qu'il m'a dit ? » lui demanda la vieille femme.

Pomone tourna légèrement la tête et la vieille femme enchaîna rapidement :

« Il m'a dit qu'il ne pourrait jamais vivre sans toi. Il préfère mourir plutôt que de rester sans toi ! »

Elle lui décrivit avec force détails le châtiment qui guette celui qui refuse l'amour. Elle lui raconta comment Anaxarète fut changée en pierre par Vénus pour avoir refusé d'écouter Iphis, son amoureux. D'ailleurs on peut encore de nos jours voir sa statue sur l'île de Chypre.

Puis, la vielle femme acheva son récit sur ces paroles : « Rappelle-toi ce que je viens de te dire. Ne sois pas cruelle, accepte Vertumne qui t'aime plus que lui-même. Tu sais qu'il protège les fleurs et les fruits. Il préservera tes beaux arbres du gel. Il les défendra aussi contre la violence des vents printaniers qui arrachent les fleurs et condamnent les arbres à être nus en été. Prends-le pour époux, crois-moi!»

Vertumne s'enflammait de plus en plus, mais Pomone restait silencieuse. Il lui sembla même qu'elle allait partir. Désespéré, Vertumne sauta sur ses pieds et se débarrassa de son masque. Les nuages semblaient avoir disparu du ciel, le soleil resplendissait. La vieille femme toute ratatinée avait fait place à un jeune homme aux bras grand ouverts et brûlant d'amour pour la belle jardinière.

Surprise, Pomone sentit son cœur battre la chamade, elle inclina la tête, s'approcha lentement de Vertumne et lui sourit.

C'est ainsi que Pomone devint la femme de Vertumne. Le jour de leur mariage, les jardins, les parcs, les vignes s'étaient parés de leurs plus beaux atours. Depuis, ils vivent au milieu des fruits et des fleurs.

LE GARÇON-POISSON DE NAPLES

Il y avait autrefois dans la baie de Naples un beau palais dont il ne reste aujourd'hui que quelques murs presque écroulés. On peut encore voir sur l'un d'eux le portrait d'un jeune homme à l'allure fière. Il tient un couteau à la main et son regard se perd dans le bleu de la mer. Certains prétendent qu'il s'agit d'Orion, le beau et vigoureux chasseur de Béotie, fils de Poséidon, le dieu de la mer. Mais les pêcheurs, les marins et les gens simples de la baie de Naples savent parfaitement qu'il s'agit de l'un des leurs. Ils l'appellent Niccolo ou bien encore Niccolo poisson.

Niccolo était un pauvre petit Napolitain, l'un de ceux qui courent dans les ruelles le long de la baie : agile, vif, rapide comme l'éclair. Son père était pêcheur ; le petit Niccolo l'accompagnait souvent. Lorsqu'il n'était pas en mer, il réparait les filets, séchait le poisson ou bien s'amusait avec ses camarades. Il ramassait des coquillages, des étoiles de mer rejetées après un orage ; il courait nu-pieds dans le sable près des vagues mousseuses et il chantait à tue-tête comme s'il voulait couvrir le bruit de la mer. Depuis les rochers il plongeait dans les eaux profondes et s'enfonçait entre les roches et les algues vertes. Parfois, il nageait si loin qu'il apercevait à peine la côte entre la crête des vagues. Niccolo aimait la mer, son corps était cuivré et musclé. Il se déplaçait bien plus vite dans l'eau que sur la terre ferme.

Ses pantalons étaient toujours déchirés par les rochers pointus ; sa chemise tombait en loques, rongée par le sel et brûlée par le soleil. Il ne la portait plus que lorsqu'il pleuvait et en hiver. Sa mère lui reprochait de passer plus de temps dans la mer qu'à la maison. Plus d'une fois elle lui avait dit, en colère : « Niccolo, mon fils, pourquoi ne te changes-tu pas en poisson ? Ce serait beaucoup plus simple ! »

Mais Niccolo oubliait vite ces reproches et il passait de plus en plus de temps dans la mer. Il était devenu aussi vif qu'un poisson, ses muscles s'étaient assouplis et il battait tous ses amis à la nage. Il affrontait les grosses vagues, nageait sous l'eau près du fond. On aurait dit qu'il n'avait plus besoin de respirer. Il s'amusait avec les poissons, pourchassait leurs bancs. Il lui arrivait de croiser bien loin des côtes un gros poisson vorace, mais il était toujours armé d'un couteau pour se défendre. S'il se faisait avaler, cependant, Niccolo ne restait jamais bien longtemps prisonnier dans le ventre du poisson ; il découpait les parois de sa prison et retrouvait sa liberté dans les vagues sur lesquelles dansait le soleil ardent de Naples.

Niccolo finit par ne presque plus quitter la mer. De temps à autre, il apportait à sa mère pour se faire pardonner des brassées de corail et de pleines poignées de splendides perles qu'il avait pêchées dans des grottes sous-marines.

Tout Naples ne tarda pas à parler du jeune garçon qui ressemblait davantage à un poisson qu'à un homme. Ces rumeurs parvinrent aux oreilles du roi et éveillèrent sa curiosité. En effet, le roi désirait depuis longtemps régner non seulement sur la terre mais encore sur la mer. Il ordonna de faire venir ce curieux garçon.

Les pêcheurs le firent savoir à Niccolo qui, obéissant, se rendit au palais royal.

Il parla longuement à son souverain de la mer, des étranges poissons qui y habitent, des grottes sous-marines, du soleil qui danse sur les vagues vertes comme de l'argent ou de l'or. Le roi demanda à quoi ressemblait le fond de la mer, loin des côtes. Niccolo lui répondit :

« Sire, le fond de la mer est splendide. Il y a d'immenses palais de corail, on peut marcher sur du sable fin ou sur des pierres

précieuses qui scintillent. Dans le sable sont échouées des épaves de navires entre lesquelles se faufilent les poissons. Elles contiennent des trésors inestimables : de l'or, des perles et des pierres précieuses dans des coffres éventrés, des colliers, des bijoux comme personne n'en a jamais vus. Plus on s'éloigne du rivage, plus ces trésors sont merveilleux et suprenants. La mer les a entassés là, menaçant ainsi l'homme qui voudrait régner sur la mer sans l'aimer. »

Le roi était suspendu à ses lèvres. Lorsque Niccolo eut achevé son récit, il lui demanda :

« Dis-moi, mon garçon, pourquoi la Sicile se dresse-t-elle si fièrement au-dessus de la mer comme si elle la défiait ? Comment se fait-il que la mer ne l'ait pas encore complètement engloutie ? »

« Je n'ai jamais nagé aussi loin, Sire, mais j'aimerais bien voir la Sicile. Si vous le désirez, je ferai le tour de l'île et je vous rapporterai ce que j'y aurai découvert. »

Sur ces paroles, Niccolo quitta le palais, plongea dans les vagues et disparut de la surface de la mer. Il s'écoula bien des jours avant qu'il ne réapparaisse.

« Sire », dit-il au roi, « me voilà de retour, je vais vous raconter ce que j'ai découvert sous les eaux. L'île est soutenue par trois immenses poteaux qui s'appuientsur un rocher. Deux de ces poteaux sont encore intacts, sans fissures, mais le troisième est rongé par la mer. Il ne tardera plus longtemps à se briser. »

Cette réponse étonna le roi. Il garda un moment le silence puis posa une question au jeune garçon :

« J'aimerais savoir, Niccolo, ce que l'on peut trouver dans les plus grandes profondeurs. Tu m'as parlé de nombreux trésors et merveilles enfouis dans la mer. Là où l'homme n'est jamais allé, ils doivent être encore plus extraordinaires ! »

Niccolo ne répondit pas ; il baissa la tête et le roi poursuivit :

« Je sais ce que nous allons faire. Je ferai tirer un boulet de canon depuis le phare de Messine en visant l'endroit le plus profond de la mer. Tu plongeras à sa poursuite, tu rapporteras le boulet et tu me raconteras tout ce que tu auras vu. J'aurai ainsi la preuve que tu ne mens pas et que tu ne racontes pas des histoires. Je serai alors le maître, je régnerai sur la terre mais aussi sur la mer ! »

Niccolo lui répondit alors d'une voix très lasse :

« Je pense que ce sera votre dernière question car jamais personne n'est encore revenu vivant de telles profondeurs. Mais j'obéirai toutefois à vos ordres. »

Le roi fit amener près du phare de Messine le plus gros canon du royaume. Les canonniers visèrent, tirèrent et Niccolo plongea d'une falaise. Il s'enfonça dans les eaux à la poursuite du boulet aussi rapidement qu'il le put. Il entendit au-dessus de sa tête un clapotement, c'était le boulet qui descendait. Il le suivit avec de vigoureux mouvements de bras et de jambes. L'eau devenait de plus en plus foncée, passant du vert clair au bleu puis au bleu marine et enfin au violet. Le boulet atteignit alors le sol en soulevant un nuage de sable fin.

Niccolo ne revint jamais à la surface de la mer. Certains racontent qu'il a payé de sa vie la folie et l'orgueil du roi, car personne ne peut soumettre la mer. Mais les pêcheurs et les marins de Naples affirment que Niccolo n'est pas mort. Il aurait choisi définitivement la mer et ressemblerait de plus en plus à un poisson. Les nuits de pleine lune il remonte à la surface avec des bancs de poissons pour chanter de bien tristes complaintes à la lune et aux étoiles. Les marins et les pêcheurs racontent encore que Niccolo se montre à la proue des bateaux pour les prévenir contre les orages et les aider à regagner le port pendant les tempêtes.

Tout Naples aime Niccolo, même s'il a choisi la mer. Ce garçon-poisson leur appartient et ils le respectent pour sa force et son courage.

LA MENACE DES MONTAGNES

En Italie, dans les Alpes, s'étire une longue vallée dans laquelle s'écoule la rivière Torrione. Sur le versant qui surplombe la rivière se dresse un immense rocher incliné. Les habitants de la vallée l'appellent Pietra Cagna et racontent à son sujet une très ancienne légende.

Il y avait autrefois, non loin de la rivière, un petit village. Le paysage était magnifique, les pics des montagnes se dressaient fièrement dans le ciel, les prairies étaient couvertes de fleurs aux couleurs chatoyantes, l'eau de la rivière était transparente et regorgeait de poissons. C'était un merveilleux pays, mais les habitants du village étaient de mauvaises et méchantes gens. Ils étaient avares, se jalousaient et se querellaient du soir au matin. On ne trouvait pas dans tout le village deux personnes capables de s'entendre.

Sur la crête de la montagne vivait un mauvais esprit. Certains prétendent qu'il était juste et droit, d'autres racontent au contraire qu'il était cruel et méchant, d'autres encore affirment qu'il était le diable en personne.

L'esprit de la montagne, ou plutôt le diable, observait depuis fort longtemps les villageois. Il avait vite compris que leur cœur était empli de méchanceté. En été, il envoyait sur la vallée de violents orages et, en hiver, il menaçait les habitants avec des avalanches de neige qui déboulaient bruyamment sur le village. Mais les villageois ne prenaient pas au sérieux ces avertissements et devenaient de plus en plus méchants.

Seul un vieil ermite comprenait le message de la montagne. Il vivait dans la forêt au-dessus du village ; il se nourrissait de champignons, de framboises et de racines lorsqu'il ne trouvait rien d'autre. Il aidait les villageois comme il le pouvait en nettoyant leurs champs, en entretenant les sentiers dévastés par les crues des torrents, en gardant leurs moutons. Il les avait maintes fois prévenus contre la menace des montagnes, mais les villageois se moquaient de lui et le tenaient pour un original et un fou.

Et puis, un jour, les villageois se montrèrent encore plus méchants qu'à l'accoutumée. Le diable décida alors d'anéantir le village. Il voulut le réduire en poussière et détruire tous les habitants, les hommes comme les femmes, les jeunes comme les vieux ; personne ne devait échapper à son courroux.

Une nuit de pleine lune le diable arracha sur la crête de la montagne un immense bloc de pierre. Il y glissa des morceaux d'or, des poignées de rubis et de pierres précieuses qu'il avait ramassées dans des endroits très reculés en montagne. Il désirait que les gens du village meurent non seulement écrasés par le rocher mais aussi sous une pluie d'or et de pierres précieuses. Il pensait punir ainsi leur jalousie et leur avarice. Il chargea ce gigantesque pan de roche sur son épaule, s'envola dans les airs et se dirigea vers le village.

Il survola des pics pointus et des petits lacs tout en fredonnant un lugubre chant de vengeance. Il parvint enfin au-dessus de la vallée où serpentait comme un ruban d'argent la rivière. Son chant fit place à une chanson frénétique et sauvage.

A cet instant, l'ermite se trouvait devant sa misérable cabane. Tout à coup le ciel étoilé disparut, masqué par une immense ombre. Il leva la tête et aperçut le diable portant sur son épaule un gigantesque rocher qui cachait la lune et une bonne portion du ciel. Il devina aussitôt quel était le dessein du diable. Son cœur se serra d'angoisse. Il leva les bras au ciel et s'écria :

« Pose ce lourd fardeau et repose-toi un peu ! Cela te fera le plus grand bien ! »

Mais le diable volait trop haut pour l'entendre. Cependant, il sentit soudain une immense fatigue l'envahir, son fardeau devint de plus en plus lourd. Le diable vola encore

un peu puis décida de s'arrêter un instant. Il était sûr que les habitants ne pourraient lui échapper ; il n'était pas pressé. Lorsqu'il survola la cime des arbres, il lâcha le rocher qui atterrit dans un vaste pré, la terre gronda et les montagnes tremblèrent sous le choc. Le diable se posa près du rocher pour se reposer. Au bout d'un moment, il se releva pour reprendre son fardeau et le charger sur ses épaules, mais le rocher ne bougea pas d'un pouce. Le diable s'énerva, il l'empoigna solidement et essaya de le secouer de toutes ses forces mais sans le moindre résultat.

Il écuma de rage, le saisit des deux mains, mais rien n'y fit. Il se changea alors en un énorme taureau et fonça tête baissée sur le rocher pour le précipiter dans la vallée, en vain ; il le frappa de ses sabots si fort que des étincelles en jaillirent, mais c'était peine perdue.

Il se changea en lion, rugit sauvagement et frappa le rocher de ses pattes, il le lacéra avec ses griffes mais c'était inutile. Il se changea en chien et essaya de le déterrer mais le rocher ne bougea pas. Il se changea en aigle et fondit sur le bloc en y enfonçant ses serres, mais il ne bougea pas. Il se changea en pigeon gris, susurra au-dessus du rocher des paroles magiques, roucoula doucement pour le charmer et le déplacer mais le rocher restait immobile. Il se changea en papillon qui voletait autour du rocher en tentant de l'attirer vers le gouffre par le scintillement de ses ailes mais rien n'y fit.

Au petit matin, le diable s'avoua vaincu. Il reprit son apparence, jeta un regard haineux sur le rocher immobile et, fou de rage, s'en revint sur la crête de la montagne.

A leur réveil, les habitants aperçurent cet immense bloc qui se dressait au-dessus de la vallée comme une menace. Affolés, ils coururent chez l'ermite pour se faire expliquer cette étrange apparition. L'ermite leur raconta alors ce qui s'était passé pendant la nuit.

Certains le crurent, d'autres non. Mais, à partir de ce jour, les villageois se mirent à changer. Ils ne se montraient plus ni jaloux, ni avares, ni méchants, ni égoïstes et s'entraidaient lorsque c'était nécessaire.

Et puis, un jour, en s'armant de courage, ils grimpèrent jusqu'au rocher au-dessus du village. Ils y remarquèrent un nombre infini d'égratignures gravées dans la pierre : c'étaient les traces des cornes du taureau, des griffes du lion et des serres de l'aigle. Ils trouvèrent enfouis dans le bloc de pierre des morceaux d'or et de pleines poignées de rubis et de pierres précieuses. Ils choisirent les plus belles pour les offrir à l'ermite.

Depuis lors, la paix et le bonheur se sont installés dans la petite vallée. Seul le rocher rappelle la mauvaise conduite des villageois et leur sert de leçon.

MAUGIS LE MAGICIEN ET SES QUATRE COUSINS

Dans le royaume de France, dans la belle vallée de la Dordogne, vivait autrefois le duc Boves d'Aigremont. Il avait un fils unique, Maugis, qu'il aimait plus que tout au monde.

Lorsque le petit garçon fut en âge de le suivre, le duc l'emmena en voyage autour du monde. Mais les Sarrasins attaquèrent leur navire, s'emparèrent de sa cargaison et firent Maugis prisonnier. Ils l'abandonnèrent en Sicile où la belle fée Orlande le recueillit et l'éleva. Lorsqu'il fut jeune homme, Maugis quitta la bonne fée qu'il aimait comme sa propre mère et partit en Espagne. Là, il étudia dans des écoles maures de Tolède la magie et les sciences

occultes. Il y apprit beaucoup de choses ignorées du commun des mortels. Puis, il revint chez lui, dans sa Dordogne natale.

Un jour, Maugis décida de rendre visite à ses quatre cousins, les fils du seigneur Aymon. Il se réjouissait à l'idée de se faire de nouveaux amis, mais il les trouva dans un bien piteux état. Les quatre frères étaient épuisés et à bout de forces, c'étaient quatre malheureux proscrits, traqués par le roi Charles qui les haïssait depuis de nombreuses années. Le roi les avait un jour conviés à son château pour leur remettre les éperons d'or de chevalier mais, dans un accès de colère, il les avait chassés, et depuis il ne les laissait pas en paix. Les frères avaient vécu sept années cachés dans la forêt des Ardennes. Ils revenaient de temps en temps clandestinement sur leurs terres.

C'est au cours d'une de ces visites secrètes que Maugis rencontra ses cousins. Leur pauvreté le toucha, il leur jura une amitié éternelle et offrit à l'aîné, Renaud, son épée qui pouvait transpercer les armures les plus épaisses et son étalon andalou Bayart, plus rapide que le vent.

Maugis accompagna les quatre frères dans le sud où ils édifièrent le château fort de Montauban.

Quelque temps plus tard, le roi Charles, qui revenait d'Espagne avec ses troupes, aperçut ce nouveau château. Et sa vieille haine se réveilla. Il ne pouvait pas supporter ces quatre frères qui résistaient à son pouvoir et à sa force. Il fit encercler le château, mais Maugis et ses cousins se défendirent si vaillamment qu'ils repoussèrent tous les assauts. Le roi Charles décida alors de recourir à la ruse. Il envoya ses messagers proposer la paix aux quatre insoumis. En signe de bonne volonté, ces derniers devaient se rendre à cette grande rencontre montés sur des mules. Ils devaient laisser leurs armes et ne porter qu'un simple bouquet de roses.

Les frères pensèrent que le grand jour de la réconciliation était enfin arrivé. Mais, une fois dans la plaine, la gigantesque armée du roi fondit sur eux. Les frères désarçonnèrent quelques cavaliers et s'emparèrent de leurs épées. Ils se battirent courageusement contre leurs nombreux assaillants. Richard, le plus jeune des quatre, fut grièvement blessé. Les trois autres frères étaient à bout de forces. Ils emportèrent Richard au sommet d'un rocher et là, repoussèrent encore bravement les assauts. Mais, hélas, ils se sentaient de plus en plus faibles.

A Montauban, entre-temps, Maugis avait pressenti la trahison du roi. Il avait rassemblé quelques hommes armés et s'était précipité dans la plaine. Il vint rapidement à bout de l'armée du roi qu'il dispersa ; tous fuyaient devant ce fougueux cavalier et ses

amis. Mais la victoire était cher payée : Richard se mourait.

Maugis examina sa blessure ; Richard respirait encore. Maugis réclama une bouteille de vin blanc et ramassa une plante qu'il broya finement entre deux pierres, il versa ensuite son suc dans le vin. Il lava la plaie de Richard et lui fit avaler quelques gouttes de sa médecine. Les trois frères observaient, anxieux, les traits du blessé : Richard reprenait lentement des couleurs, ses lèvres bleuies rosirent, ses yeux s'entrouvrirent ; il était sauvé.

Ils explosèrent tous de joie, serrant contre leur cœur Richard et Maugis. Puis ils s'en revinrent gaiement vers Montauban.

Mais le roi ne s'avoua pas si facilement vaincu. Il y eut une nouvelle bataille, Richard fut fait prisonnier et conduit au campement du roi. Là, il fut condamné à mort.

Les trois frères essayèrent sans succès de trouver un moyen pour sauver le jeune Richard. Maugis, lui, n'hésita pas — il décida de se rendre au campement du roi et d'y apprendre quel sort attendait son jeune cousin. Il laissa son armure au château, se frot-

ta la peau avec des plantes étranges, et il devint aussi noir qu'un morceau de bois brûlé. Puis il revêtit un habit de mendiant et partit par les sentiers de montagne. Il se fit passer pour un pauvre homme ou pour un pèlerin perclus de rhumatismes. Lorsqu'il arriva chez le roi, il lui dit :

« Sire, je suis un pauvre pèlerin bien malade que ne soulagent ni les plantes, ni les baumes. Cette nuit, j'ai fait un rêve étrange : il me suffirait de manger du poisson, une seule bouchée de poisson, pour être guéri. Seulement c'est notre roi en personne qui doit le découper, lui enlever les arêtes et me le mettre à la bouche. C'est l'unique chose au monde qui puisse me guérir ! »

Le roi accepta de découper le poisson, de lui enlever les arêtes et d'en donner une bouchée au pèlerin. Maugis le remercia tant et plus et se retira dans un coin. Entretemps, les conseillers du roi étaient entrés sous la tente ; ils parlèrent de la pendaison de Richard qui devait avoir lieu le lendemain matin sur le mont des Oiseaux. Maugis en savait assez. Il quitta le camp et se hâta de retourner à Montauban.

Il faisait encore nuit noire lorsque les trois frères se cachèrent avec leurs hommes dans les bois touffus au pied du mont des Oiseaux. Ils guettèrent le triste convoi, l'attaquèrent et délivrèrent Richard.

Le roi ne tarda pas à apprendre qui était

ce mystérieux pèlerin qui lui avait demandé audience sous sa tente. Il entra dans une rage folle. Il haïssait encore plus Maugis que ses quatre cousins car il l'avait non seulement trompé mais encore ridiculisé.

Les quatre frères proposèrent au roi de faire la paix, mais ce dernier y mit une condition : il exigeait Maugis. Les frères refusèrent de le livrer.

Une nouvelle bataille s'engagea, les troupes du roi furent vaincues. Mais les quatre frères rentrèrent bien tristement à Montauban ; Maugis était prisonnier. Ils ignoraient cependant que leur cousin s'était laissé prendre de son plein gré.

Maugis savait parfaitement ce qu'il faisait. S'il s'était laissé prendre, c'était pour mettre enfin un terme à ces guerres incessantes. Et, pour cela, il n'avait besoin que d'une seule chose : rencontrer le roi.

On le conduisit enchaîné devant le souverain. Au lieu de s'incliner devant le roi, Maugis lui sourit.

« Sire, je n'ai pas encore dîné ! Dites à vos gens de m'apporter un peu de viande, du pain et du vin ; le matin est encore loin ! »

« Demain, tu seras entre les mains du bourreau ! » répondit le roi en colère. « Cette fois, tu ne m'échapperas pas ! »

« Sire, je suis entre vos mains... Vous devriez être plus aimable à l'égard d'un hôte comme moi. Depuis toujours l'usage veut dans notre royaume qu'un condamné à mort ait droit à un bon dîner. »

Ils lui apportèrent donc du vin, de la viande et du pain. Le roi et Maugis s'installèrent à table, mais le roi ne toucha ni aux plats ni au vin, craignant les mauvais tours de son prisonnier. Après le dîner, il ordonna aux gardes d'apporter trente chandelles et de surveiller Maugis jusqu'au lever du jour.

« Tu ne dormiras pas tranquille cette nuit à l'idée de ce qui t'attend demain à l'aube ! »

« Le petit déjeuner à Montauban », lui rétorqua Maugis calmement. « Qu'est-ce qui pourrait bien m'attendre d'autre ? »

Cette réponse mit le roi hors de lui. Il fit resserrer si fort les liens du prisonnier qu'il ne pouvait plus bouger les mains ni les pieds.

Puis le roi alla se coucher et s'endormit d'un sommeil léger. Maugis, lui, ne dormait pas. Il retira les chaînes de ses pieds et de ses mains, passa près des gardes assoupis et se glissa sous la tente de Charles. Il prit des plantes qu'il avait auparavant cachées dans un coin, les versa dans la carafe de vin posée sur un guéridon et secoua le roi. Charles se redressa sur son lit, regarda Maugis avec des yeux tout arrondis par la surprise. Mais, avant qu'il ne réagisse, son visiteur nocturne lui dit :

« Sire, je rentre à Montauban, comme je vous l'avais dit et j'aimerais que vous m'accompagniez. »

Le roi était furieux. Dans son énervement, il avala une coupe de vin et tomba aussitôt dans un profond sommeil. Maugis le chargea sur ses épaules et, au petit matin, ils arrivèrent à Montauban.

Maugis déposa le roi dans un lit moelleux, réveilla les quatre frères et leur annonça quel était leur hôte.

« Veillez sur lui, il est fatigué. Il a besoin de se reposer. Ne soyez pas trop durs avec lui, n'oubliez tout de même pas qu'il est votre roi ! Je crois qu'il acceptera enfin de signer la paix. J'ai tenté tout ce qui était en mon pouvoir, je ne peux faire plus. Allez dormir tranquillement maintenant et gardez un bon souvenir de moi ! »

Il leur souhaita une bonne nuit mais n'alla pas se reposer ; il sortit sans bruit du château, monta sur son cheval et s'éloigna dans la nuit noire. Il partait comme il était venu, sans bruit. Il s'enfonça dans les forêts et traversa plusieurs vallées. Il parvint enfin dans sa magnifique Dordogne où il vécut paisiblement jusqu'à la fin de ses jours.

Et le roi Charles me demanderez-vous ?

Le lendemain matin, l'aîné des quatre frères entra dans la chambre du roi et lui déclara :

« Sire, la guerre n'a que trop duré et nous avons tous subi trop de pertes. Nous sommes prêts à satisfaire tous vos désirs sauf une chose : agir contre notre cœur. Nous vous proposons la paix une nouvelle fois. Mais quelle que soit votre décision, vous pourrez partir de Montauban en toute liberté. Car l'on ne retient pas son propre roi prisonnier ! »

« Tant que vous ne me donnerez pas Maugis, je ne ferai pas la paix ! Je veux le livrer au bourreau, je veux le voir réduit en cendres ! »

« Sire », lui répondit Renaud, « comment pourrions-nous vous livrer Maugis? Il est notre frère de cœur. C'est l'unique chose que vous ne pouvez exiger de nous. Maintenant, vous pouvez partir si vous le désirez. »

Ils lui donnèrent un cheval et le roi s'en revint à son campement. Il était hors de lui et jurait qu'il se vengerait de Maugis et de ses cousins. Mais ses conseillers et ses chevaliers qui, jusqu'alors, lui avaient toujours obéi au doigt et à l'œil refusèrent de se battre. Et, après de longues hésitations, le roi finit par accepter de faire la paix. Il envoya un messager à Montauban.

Et les murs du château tremblèrent sous les cris de joie des quatre seigneurs et de leurs amis.

OBÉRON

Il y avait déjà de longues années que l'empereur Charlemagne régnait sur les Francs. Il était très las, fatigué des guerres incessantes qui affaiblissaient le royaume. Il ne pouvait même plus monter à cheval, il tremblait toujours de froid sous son manteau d'hermine, même en plein été. C'est pourquoi il décida un jour de confier le trône à son fils Charlot. A cette grande occasion, il invita dans la capitale tous les nobles du pays.

Huon et Gérard, deux seigneurs de la lointaine Gascogne, décidèrent de se rendre à la capitale. Charlot, le fils de l'empereur, était un jeune homme emporté et facilement influençable. Un mauvais conseiller lui avait soufflé de guetter les deux frères aux portes de la ville et de les tuer. C'est ce que fit Charlot à la tête d'une bande d'hommes armés. Mais, contre toute attente, les deux Gascons se défendirent vaillamment et Huon tua Charlot pendant le combat. Charlemagne fut fort affligé par la disparition de son fils, il condamna Huon à un lourd châtiment. Pour obtenir son pardon, il devait se rendre à Babylone et satisfaire trois conditions : couper la tête d'un Sarrasin qu'il rencontrerait au palais de l'émir, embrasser par trois fois Esclarmonde, la fille du monarque, et convaincre l'émir de lui donner une poignée des poils de sa barbe ainsi que quatre de ses dents qu'il ramènerait à l'empereur.

C'était une tâche très difficile, mais Huon répondit toutefois :

« Tu me confies une bien étrange mission, Sire. Cependant, je t'ai juré obéissance, aussi accepterai-je. »

Il fit ses adieux à son frère, rassembla une petite troupe de cavaliers et se mit en route aussitôt.

Les jours passaient. Le jeune Gascon poursuivait sa longue route vers le pays des Sarrasins. Il dépassa Rome et parvint, quelque temps plus tard, sur les terres arabes. Il traversa un pays brûlé par un soleil ardent et desséché par le vent chaud du désert. Sa Gascogne lui manquait de plus en plus ; il avait le cœur lourd.

Huon et ses compagnons se dirigeaient vers la mer Rouge quand soudain se dressa devant eux un petit bonhomme pas plus haut qu'un enfant de trois ans. Son visage était merveilleusement beau. Il portait sur ses épaules une cape brillante cousue de fils d'or et tenait à la main un arc dont la corde était en soie. A son cou pendait un cor qui était tout en or et en ivoire. Il le porta à ses lèvres et sonna.

Et, en un clin d'œil, les cavaliers se sentirent frais et dispos. Leur fatigue et le mal du pays s'étaient envolés. Ils se sentaient tous le cœur en fête.

« Quel étrange prodige ! » s'exclama Huon stupéfait. « Qui es-tu et pourquoi nous barres-tu tout à coup la route ? »

« Je suis Obéron », répondit le petit homme, « le roi des fées et des lutins, et j'ai le don de lire dans l'âme humaine. Dans la tienne, je ne vois que fidélité et pureté, c'est pourquoi je veux t'offrir mon aide et mes services. Mon palais n'est pas très éloigné d'ici, dans la ville de Montmaur. Je sais que tu n'as pas mangé depuis trois jours et que

tes cavaliers sont à bout de forces. Venez donc chez moi, vous pourrez y manger et y boire tant que le cœur vous en dira ! »

Et, avant qu'ils ne reviennent de leur surprise, des tables apparurent dans le pré où ils se tenaient. Elles croulaient sous le poids des moutons rôtis et du vin. Lorsque ses hôtes se furent rassasiés, Obéron tendit à Huon une coupe incrustée de pierres précieuses, et lui dit :

« Celui qui a un cœur pur peut boire à volonté dans cette coupe, jamais il ne la videra. Dès qu'il la porte à ses lèvres, elle se remplit aussitôt. »

Puis il retira son cor en or et en ivoire et le tendit à Huon :

« Si tu es en péril, sonne trois fois du cor et où que tu sois, j'accourrai à ton aide avec une troupe de mes soldats. Maintenant, tu peux reprendre ta route ! »

Ils se dirent au revoir, Obéron disparut, Huon et ses cavaliers poursuivirent leur voyage. Ils traversèrent un pays inconnu dont ils n'avaient jamais entendu parler. Puis, un jour, ils parvinrent devant un grand château fort. Deux hommes au teint cuivré se tenaient devant les portes. Tous deux portaient une lourde lance de métal et se battaient sans arrêt, aussi bien le jour que la nuit. Huon et ses compagnons les observèrent longuement, très intrigués. Ils se ressaisirent cependant et allèrent frapper à la

grande porte. Le lourd portail s'ouvrit, les cavaliers entrèrent dans la cour en retenant leur respiration. Ils se dirigèrent vers les marches en marbre. Épée en main, ils continuèrent leur exploration et arrivèrent dans la grande salle. Au milieu de la salle se tenait un géant revêtu d'une armure blanche. En les voyant, il éclata de rire si fort que tous les murs du château se mirent à trembler.

« Que cherchez-vous donc par ici avec ces ridicules épées en main ? » leur demanda-t-il. « Vous ignorez sans doute que je porte des mailles de l'armure d'Obéron, le roi des fées et des lutins ? Je la lui ai volée et mes forgerons l'ont battue en fines feuilles pour m'en faire une beaucoup plus grande. Celui qui porte cette armure ou même une partie seulement, est invincible. Vous êtes venus sans être invités, aussi je vous garderai tant que je le voudrai. Personne ne peut ouvrir la porte si ce n'est moi ; pour cela il faut tourner trois fois ma bague magique. Mais je ne le ferai pas. »

« Cette bague appartenait-elle aussi à Obéron ? » s'enquit Huon.

Le géant acquiesça, tourna les talons et quitta la pièce sans craindre le moins du monde d'être attaqué par Huon ou par ses compagnons.

Cette nuit-là, alors que le géant dormait, Huon lui vola quelques mailles de sa cuirasse, puis le réveilla. Après une longue et féroce lutte, Huon écrasa le géant. Il lui arracha la bague d'Obéron grâce à laquelle il ouvrit les portes du château, rassembla ses compagnons et ils s'empressèrent de quitter ce lieu hostile. Ils chevauchèrent plusieurs jours et parvinrent enfin sur la côte. Il n'y avait pas la moindre barque à l'horizon. Ils regardaient la mer, décontenancés et attristés, lorsque tout à coup émergea d'entre les vagues un bonhomme au visage poupin, qui sauta sur la berge, les salua et dit :

« Je m'appelle Malabron et je suis venu vous aider. C'est mon maître, Obéron, qui m'envoie. Il est très en colère contre vous parce que vous oubliez votre mission. Je vous conduirai aux portes de Babylone mais désormais vous ne pouvez plus compter sur l'aide d'Obéron. »

Huon se retourna vers ses amis et leur demanda d'attendre son retour, puis il s'approcha de Malabron et lui dit :

« Je suis prêt. Fais ce que tu dois faire. »

Le lutin sauta dans l'eau, se changea en dauphin et cria à Huon :

« Montez sur mon dos, Seigneur. En moins d'une seconde nous serons devant le palais de l'émir à Babylone. »

Huon lui obéit et en un rien de temps il se retrouva seul, complètement seul, devant les portes de Babylone.

Il était bien armé, il portait une cotte de mailles qui le rendait invincible. A sa taille était suspendue la coupe magique et à son cou se balançait le cor en or et en ivore. A son doigt brillait l'anneau d'Obéron qui lui permettait d'ouvrir n'importe quelle porte.

Il entra tranquillement dans la ville et se dirigea vers le palais de l'émir. Il en grimpa rapidement les marches puis déboucha dans la grande salle. Elle était remplie de Sarrasins. A l'endroit le plus élevé était étendu l'émir à la longue barbe blanche et, au milieu de la salle, la belle Esclarmonde était assise à côté d'un jeune guerrier sarrasin. Au premier coup d'œil, Huon comprit que l'émir mariait sa fille. Il brandit son épée, trancha la tête du fiancé, saisit la belle Esclarmonde et l'embrassa par trois fois sur les deux joues.

Les Sarrasins se ruèrent sur Huon et le jettèrent au sol. Ils lui arrachèrent sa cotte de maille, son épée, le cor, la coupe magique et la bague. Ils l'attachèrent et le conduisirent en prison.

Huon, impuissant, attendait que son destin s'accomplisse.

Au milieu de la nuit, quelqu'un entra dans son cachot et s'approcha lentement de lui. Il pensa que sa dernière heure avait sonné. Mais il entendit alors la voix de la belle Esclarmonde :

« Je suis venue te libérer », lui dit-elle à voix basse, «car tu es le plus courageux des hommes. Tu m'as délivrée d'un homme que je n'aimais pas. Lève-toi et suis-moi ! »

Elle le conduisit par un dédale de couloirs secrets hors des murs de Babylone.

« Cache-toi dans les bois et attends-moi. Je viendrai te chercher dès que cela sera possible. »

Puis elle s'éloigna rapidement. Huon se cacha plusieurs jours et plusieurs nuits dans des broussailles tout en scrutant attentivement les alentours. Il entendit tout à coup un énorme vacarme qui s'amplifiait comme un orage. Huon grimpa sur une petite colline et aperçut une immense armée qui envahissait Babylone.

L'émir n'ignorait pas que de durs moments attendaient Babylone et il regrettait la mort de ce courageux étranger. Il pensait en effet que seul Huon aurait pu défendre sa ville.

Mais, entre-temps, Esclarmonde était allée chercher Huon. La Gascon promit à l'émir de l'aider si ce dernier lui rendait l'anneau magique, la coupe, la cotte blanche et le cor en or et en ivoire.

Lorsqu'il les eut obtenus, il sortit tout seul de la ville. Avec son épée, il désarçonna le commandant des troupes ennemies et mit son armée en déroute.

Mais, à son retour au palais, l'émir ne se montra pas reconnaisant. Il ordonna aux gardes de jeter Huon en prison. Huon saisit son cor et souffla si fort que les veines de son cou faillirent éclater. L'écho n'avait pas encore retenti qu'on entendit un sourd grondement approcher.

Les Sarrasins prirent peur, ils pensèrent que l'ennemi revenait à la charge. Les cent mille soldats d'Obéron pénétrèrent dans la ville. Les Sarrasins déposèrent toutes leurs armes et s'enfuirent à bride abattue. Seul l'émir résista, il se battit jusqu'à son dernier souffle. Les soldats d'Obéron offrirent au jeune Gascon la barbe taillée de l'émir ainsi que quatre de ses molaires. Puis Huon alla saluer Obéron. Le petit homme le serra contre son cœur et lui demanda de ne jamais faire mauvais usage de ses présents. Il l'embrassa ensuite et, à la tête de son armée, quitta Babylone soumise.

Mais, dès qu'il eut disparu à l'horizon, les Sarrasins se jettèrent sur Huon, lui arrachèrent tous les présents de son ami et le conduisirent sur une île déserte où ils le laissèrent enchaîné, en proie à la faim, à la soif et au soleil ardent.

Lorsque Huon fut au plus mal, Malabron, le messager d'Obéron, apparut. Il plongea dans la mer avec le prisonnier, se changea en dauphin et le reconduisit sur la rive où l'attendaient ses amis et compagnons de route.

Huon était enfin sauvé. Il partit à la recherche de la belle Esclarmonde qu'il ne tarda pas à retrouver. Elle lui donna le cor, la coupe, l'armure et même l'anneau. Il l'embrassa et ils partirent tous pour leur lointain pays. Ils firent une halte à Rome où Huon épousa la belle Sarrasine et reprirent ensuite leur route.

Ils arrivèrent finalement en Gascogne après un long voyage. Le cœur léger, Huon franchit les portes de sa cité natale avec la belle Esclarmonde. Mais son frère Gérard s'était entre-temps emparé du pouvoir et régnait sur toute la Gascogne. Il fit jeter Huon dans un cachot humide. Mais cela ne lui suffit pas ; il envoya un messager à l'empereur Charlemagne, chargé de lui dire qu'Huon n'avait pas tenu promesse et qu'il refusait de se soumettre.

Furieux, le roi rassembla ses troupes et se rendit en Gascogne. Huon jura en vain qu'il était innocent, personne ne crut ce qu'il racontait, tout le monde pensait qu'il mentait. Et, pour finir, le traître Gérard présenta la barbe et les dents de l'émir en prétendant avoir accompli la fameuse mission. Le roi condamna alors Huon à mort.

On fit sortir le condamné devant une énorme foule de curieux. Mais, soudain, on entendit un grand vacarme devant les portes de la cité. Avant que les gardes n'aient pu réagir, cent mille cavaliers entrèrent dans la ville. Ils étaient conduits par un petit bonhomme enveloppé dans une cape dorée et au visage merveilleusement beau : c'était Obéron !

Il s'approcha d'Huon, sauta de son cheval et s'arrêta à quelques pas de lui. Les liens d'Huon se défirent comme par enchantement et, tout heureux, il tomba dans les bras de son ami, le souverain de Montmaur.

Obéron se tourna alors vers l'empereur, saisit sa coupe et la présenta aux conseillers :

« Que ceux qui ont un cœur pur n'aient pas crainte de boire ! Quant aux autres, les intrigants, qu'ils lèvent la coupe à la santé de leur souverain ! »

Ils portèrent tous, les uns après les autres, la coupe à leurs lèvres. Mais pas un seul ne réussit à boire la moindre goutte de vin rouge. Obéron les observa tristement. Personne n'osait le regarder dans les yeux. Puis le roi des lutins parla longuement. Lorsqu'il eut fini, Charlemagne se tourna vers Gérard, le félon, et le condamna à mort. Huon supplia le roi de lui accorder sa grâce, mais l'empereur demeura inflexible.

Charlemagne donna la Gascogne à Huon et repartit en grande pompe pour la capitale. Lorsqu'ils furent enfin seuls, Obéron s'approcha d'Huon et lui sourit tristement :

« Mon ami, l'heure est venue de nous dire adieu. Viens à Montmaur avant trois ans, je désire te donner mon royaume enchanté. Tu recevras la couronne royale et tu régneras sur mon empire. »

« Et toi ? » lui demanda Huon. « Pourquoi veux-tu te dépouiller de tout ce qui t'appartient ? »

« Parce que je ne veux plus vivre dans un monde où il n'existe qu'intrigues et traîtrises. Je vais revenir d'où je viens, où je suis attendu », répondit le petit homme.

Il leva la tête vers le ciel du petit matin, vers le soleil qui éparpillait ses rayons dorés, vers les dernières étoiles qui éteignaient leurs feux. Obéron sourit et son sourire était empreint de tristesse.

Il embrassa une dernière fois Huon et repartit à la tête de ses soldats.

Et, bientôt, on ne vit plus à l'horizon que quelques minuscules points noirs qui disparurent peu à peu dans le lointain.

LE CHEVALIER AU LION

Dans la rude et pluvieuse Bretagne vivait autrefois un jeune chevalier qui s'appelait Yvain. C'était un brave et valeureux chevalier qui rêvait souvent d'aventure. Il aimait écouter les ballades des trouvères et les légendes que racontaient les pèlerins faisant halte dans son château. Yvain avait bon cœur; il avait trouvé un jour dans la forêt, non loin de son domaine, un enfant abandonné. C'était une petite fille qui s'appelait Lunete. Il l'avait recueillie et élevée de son mieux. Lunete avait grandi et elle avait quitté le château pour aller servir dans d'autres contrées ; jamais Yvain ne l'avait oubliée.

Un jour, il avait invité en son château de Carduel un chevalier qui rentrait des croisades. Il était épuisé et portait à l'épaule une profonde blessure. Yvain le soigna. Après s'être reposé et restauré, l'inconnu se mit à raconter toutes sortes d'aventures qu'il avait vécues de par le monde. Yvain était suspendu à ses lèvres et retenait sa respiration. Et il réclamait toujours de nouvelles histoires.

« J'ai vécu bien des aventures à peine croyables », lui confia le chevalier, «mais la plus singulière est celle qui m'est arrivée non loin d'ici dans la forêt de Brocéliande. J'ai rencontré dans une vaste clairière un vacher qui gardait des taureaux à moitié sauvages. Nous nous sommes mis à bavarder, il m'a demandé d'aller chercher un baquet d'eau à la fontaine qui était cachée par un gigantesque pin dans le fond de la clairière. Je lui ai volontiers rendu ce service car il ne pouvait s'éloigner de ces bêtes

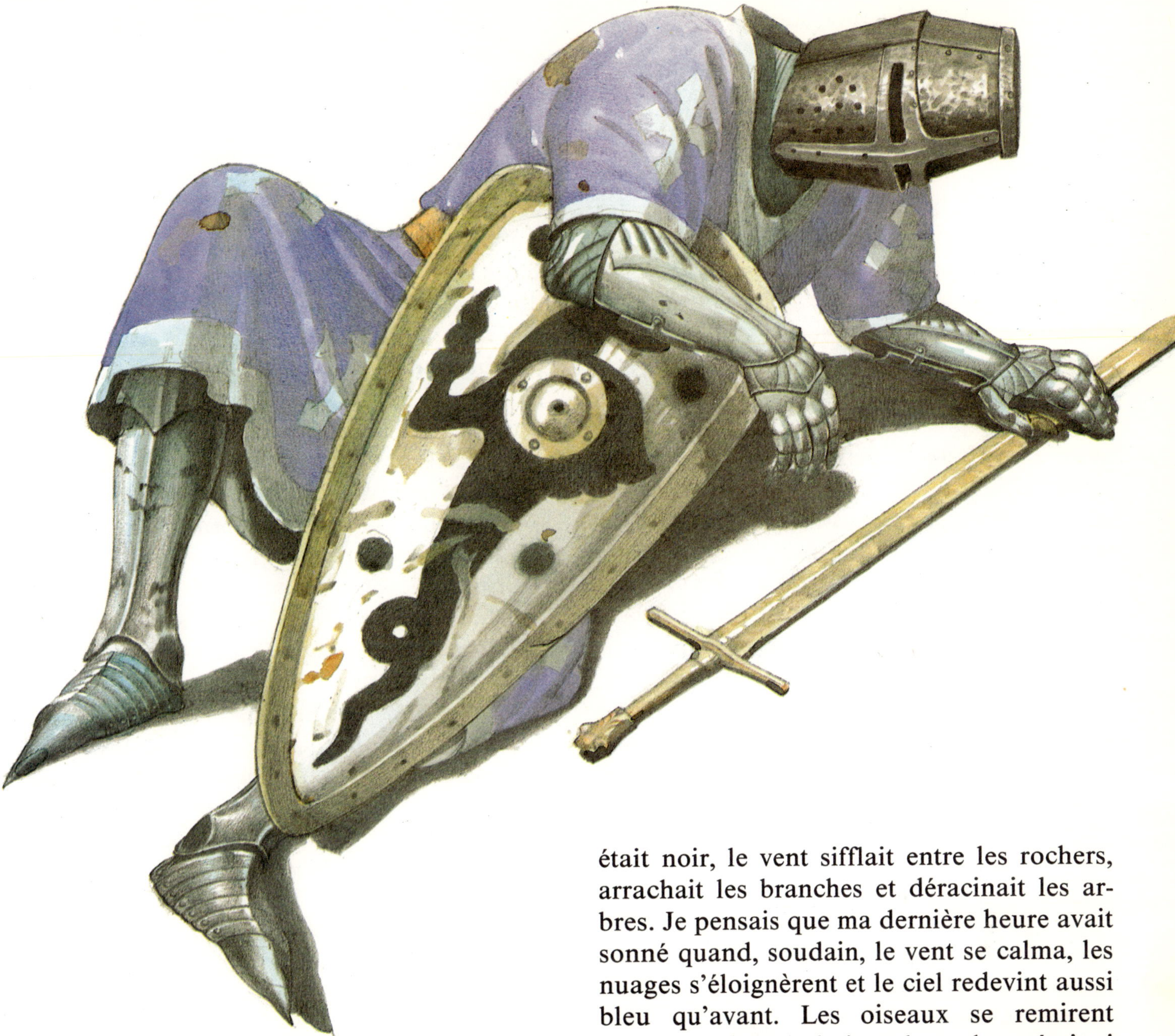

à moitié sauvages. Mais quelle surprise près du pin ! Au lieu d'une source, j'ai trouvé sous l'arbre une énorme cuve en or attachée par une chaîne dorée à un socle en marbre recouvert d'émeraudes.

Le vacher avait bien insisté : je ne devais pas renverser la moindre goutte d'eau. J'ai soigneusement rempli le baquet dans la cuve mais en le levant, j'ai heurté la chaîne dorée et l'eau s'est répandue entre les émeraudes. J'allais repuiser de l'eau quand une violente tempête s'est déchaînée. Le ciel était noir, le vent sifflait entre les rochers, arrachait les branches et déracinait les arbres. Je pensais que ma dernière heure avait sonné quand, soudain, le vent se calma, les nuages s'éloignèrent et le ciel redevint aussi bleu qu'avant. Les oiseaux se remirent à chanter dans le bois et leur chant était si beau que je me suis assis sur le socle en marbre pour les écouter. J'étais comme envoûté.

Mais je ne devais pas rester longtemps assis ! Un cavalier arriva à bride abattue. Il me reprocha d'avoir provoqué par ma maladresse une tempête qui avait ébranlé les fondements de son château et endommagé les murs et le toit. Il n'en resta point là ; il dégaina son épée dans un accès de colère et se jeta furieusement sur moi. Je me défendis comme je le pus. Mais que peut faire un homme désarmé face à une épée? Il me renversa et je perdis connaissance. Lorsque je revins à moi, le cavalier était déjà parti. Je remontai sur mon cheval avec toutes les peines du monde. »

Lorsque son convive eut achevé son récit, Yvain sauta sur ses pieds et s'écria :

« Ce n'est pas digne d'un preux chevalier d'attaquer un homme sans défense ! Dès demain je pars pour cette clairière et je vous vengerai. »

L'hôte tenta de le dissuader mais Yvain fit la sourde oreille. Le lendemain, au petit jour, il fit seller son cheval et se mit en route. Comme le lui avait indiqué le chevalier, il traversa une forêt et déboucha ensuite dans une immense prairie où paissaient des taureaux à moitié sauvages. Il aperçut le vacher assis sous un rocher ; il le rejoignit et se mit à bavarder avec lui.

Effectivement, peu après, le vacher le pria de lui apporter un baquet d'eau. Yvain attrapa le baquet mais sans descendre de son cheval et sans se défaire de son épée. Ainsi armé, il se dirigea vers le pin. Tout se déroula selon les indications du chevalier : il trouva sous le pin une cuve en or rattachée par une chaîne dorée à un socle en marbre, il puisa de l'eau et la renversa sur les émeraudes. Aussitôt, le ciel s'assombrit et une violente tempête éclata. Elle était si violente qu'elle arracha des branches et déracina des arbres. Mais elle se calma rapidement, le ciel s'éclaircit et les oiseaux se mirent à chanter si merveilleusement qu'Yvain oublia la promesse de venger son ami. Il s'assit sur le socle comme envoûté. Un instant plus tard apparut un cavalier. Il brandissait une épée et fondit sur Yvain, mais celui-ci se défendit si brillamment qu'il fit rouler son ennemi à terre.

Lorsque son adversaire revint à lui, il remonta avec peine sur son cheval et prit le chemin de la forêt. Yvain le suivit jusqu'au fameux château. Il entra sans se faire remarquer dans la cour, les serviteurs montèrent leur maître blessé dans sa chambre. Yvain aperçut dans les escaliers la merveilleuse épouse du châtelain et il l'aima dès le premier regard. Il décida de rester au château, se cacha dans un coin sombre d'un couloir et attendit. Soudain, des pas résonnèrent et il vit une jeune fille dont il reconnut les traits : c'était sa petite Lunete. Elle le reconnut également. Elle lui expliqua qu'elle travaillait au château comme femme de chambre de la belle dame. Elle promit à Yvain de l'aider à se cacher et lui offrit en signe de reconnaissance une bague magique qui avait le pouvoir de le rendre invisible.

Yvain se cacha dans le château. Il n'avait pas besoin de se dissimuler, il lui suffisait de tourner le chaton de la bague et il traversait alors les corridors et les pièces sans être vu. Il suivait la belle châtelaine presque pas à pas et son amour pour elle grandissait.

Plusieurs jours s'écoulèrent. Un soir, Lunete lui apprit que le seigneur était mort. Yvain se présenta devant la châtelaine et lui avoua toute la vérité. Il lui demanda ensuite sa main. La belle dame finit par accepter et devint sa femme.

Le temps passa. Et puis, un jour, un terrible ouragan ébranla le château, les murs craquèrent et les toits s'effondrèrent. Yvain comprit aussitôt ce qui était arrivé. Dès que la tempête se fut calmée, il sauta sur son cheval et courut à bride abattue vers la prairie. Il aperçut, assis sur le socle en marbre, un homme qui écoutait comme envoûté le

chant des oiseaux. Yvain saisit son épée, bondit furieusement sur lui et dans une lutte sauvage l'écrasa. A cet instant apparut à la lisière de la forêt une troupe de cavaliers. Yvain reconnut le légendaire roi Arthur et son escorte. Il lui avoua en se repentant ce qui s'était produit et l'invita à son château.

Yvain organisa un grand festin en l'honneur de ses hôtes qui lui racontèrent des aventures incroyables. Yvain était suspendu à leurs lèvres et il avait de plus en plus envie de se joindre à eux. Un chevalier, en particulier, racontait leurs péripéties de manière captivante. Il s'agissait de Gauvain, le plus jeune des chevaliers du roi Arthur.

Voyant que le châtelain buvait littéralement ses paroles, Gauvain lui proposa de devenir leur compagnon. Yvain s'empressa d'accepter. Mais la belle châtelaine pleura et l'implora de rester. Yvain ne céda pas, il lui promit cependant de revenir bientôt. Puis il partit avec les chevaliers du roi Arthur pour de nombreuses aventures.

Et sa vie fut remplie d'imprévus comme il l'imaginait autrefois. Mais le temps passa rapidement et la date du retour approchait irrémédiablement. Yvain l'oublia cependant. Lorsqu'il revint au château, il trouva les portes grandes ouvertes, la grille abandonnée. Sa femme lui déclara qu'il avait failli à sa promesse et qu'elle ne voulait plus le voir.

Yvain tenta vainement de la convaincre, il implora son pardon mais son épouse demeura inflexible. Attristé, il quitta le château. Il repartit pour de nouvelles aventures, se traînant d'un bout de la planète à l'autre. C'était le plus honnête et le plus noble des chevaliers. Il aidait les braves gens et punissait sans pitié les méchants. Un jour, au cours d'un de ses nombreux voyages, il aperçut dans un taillis un serpent en train d'étouffer un lionceau. Il n'hésita pas une seconde, bondit, et trancha la tête du serpent, sauvant ainsi la vie au roi des animaux. Dès lors, le lion reconnaissant ne le quitta plus. Partout où son maître allait, il le suivait ; il le tira même plus d'une fois de situations particulièrement dangereuses. Yvain et son lion avaient rejoint le roi Arthur. Yvain continua à mener la vie incertaine des chevaliers.

Mais il brûlait toujours d'amour pour la belle châtelaine. Il ne parvenait pas à l'oublier. Il était chaque jour un peu plus malheureux et son chagrin était de plus en plus profond.

Un jour, il n'eut plus la force de supporter ce tourment, il quitta le roi et ses compagnons et entreprit un long voyage qui le mena dans la fameuse clairière. Son fidèle lion l'accompagnait et ne le quittait pas une seconde.

Ils parvinrent enfin au pied du grand pin. Yvain s'approcha de la cuve en or, puisa de l'eau dans ses paumes et la jeta sur le socle en marbre parsemé d'émeraudes. Une violente tempête se déchaîna, le vent arracha les branches et renversa les arbres tout comme autrefois, des années auparavant. Puis la tempête se calma subitement et les oiseaux dans les arbres se mirent à chanter.

Yvain s'assit sur le socle en marbre et attendit. Mais personne n'apparut. Au bout d'un long moment, il se leva, monta sur son cheval et partit à bride abattue vers le château. Il s'arrêta au beau milieu de la cour. Son épouse, plus belle que jamais, descendait lentement les marches d'escalier en lui tendant les bras.

C'est ainsi que le chevalier Yvain revint chez lui.

Et son lion? Son fidèle compagnon demeura avec lui et il n'abandonna jamais son maître.

AUCASSIN ET NICOLETTE AU PAYS DE COCAGNE

Le seigneur Bougars, comte de Valence, avait un jour attaqué le comte Garin de Beaucaire. Il avait eu vite fait de ravager ses terres et d'assiéger sa ville.

Le comte Garin se défendait hardiment mais il était écrasé par un immense chagrin. Son fils unique, Aucassin, refusait de se battre. Jamais il ne participait aux tournois, jamais il ne guerroyait ni ne montait à cheval parce qu'il aimait une jeune fille du nom de Nicolette. Rien d'autre ne l'intéressait. Son père et sa mère essayaient la lui faire oublier car Nicolette était une esclave. Elle était née dans la lointaine Carthage sur les terres sarrasines. Un seigneur l'avait achetée alors qu'elle était encore enfant et l'avait élevée. Il espérait maintenant la vendre à un bachelier qui lui offrirait une vie honorable.

Le comte Garin proposait à son fils toutes les jeunes filles bien nées de sa connaissance mais Aucassin les refusait même sans les voir : aucune d'elles ne pouvait égaler Nicolette, lui aurait-on même proposé une impératrice de Constantinople, une reine allemande ou une princesse espagnole. Voyant que son fils n'accepterait jamais de renoncer à son amour, le comte Garin se rendit chez son vassal, le maître de Nicolette. Il lui ordonna de chasser la jeune fille. Ce dernier le lui promit mais il eut pitié de sa protégée et la cacha dans une pièce isolée du château. Là, elle n'avait pour seule compagne qu'une vieille servante. Après la mystérieuse disparition de Nicolette, le malheureux Aucassin se traînait, abattu. Un jour, il alla chez le maître de la jeune fille pour lui demander ce qui était arrivé. Il se montra très insistant mais le seigneur ne put que lui répondre d'une voix attristée :

« Quitte ma demeure, je ne puis t'aider. Si je te donnais Nicolette, ton père la chasserait ou la tuerait. Quant à nous, nous y laisserions notre tête. Il nous faut obéir aux ordres de ton père. »

Le malheureux Aucassin s'en revint au château de son père et lui demanda audience. Il lui annonça tristement:

« Père, je vais me battre mais je mets à cela une seule condition : lorsque j'aurai vaincu notre ennemi, je veux voir Nicolette, ne serait-ce qu'un instant, le temps d'échanger deux ou trois mots. Je partirai ensuite et n'exigerai rien d'autre. »

Son père accepta. Aucassin tint aussitôt sa promesse : il sauta sur son cheval et se lança sur les assiégeants à la tête d'un grand nombre de soldats. L'espoir de revoir bientôt Nicolette lui donna des ailes. Et, en un rien de temps, il mit l'ennemi en déroute. Il fit lui-même prisonnier le comte Bougars qu'il conduisit, fers aux pieds, à travers la ville.

Le comte Garin félicita son fils mais lorsque Aucassin lui parla de Nicolette, il cria de fureur :

« Que je sois pendu si je t'autorise à la voir! Si elle était là, maintenant, je la ferais brûler vive. Quant à toi, tu n'échapperas pas à ma colère ! »

Il ordonna d'enfermer Aucassin dans le plus profond cachot et de le mettre aux fers tant qu'il n'aurait pas retrouvé sa raison.

Dans sa chambre reculée, Nicolette pensait, elle aussi, jour et nuit à son amoureux. Elle était si malheureuse qu'elle en oublia sa peur et toute prudence. Par une claire nuit de mai, elle confectionna une corde avec ses draps et la lança par la fenêtre. Puis elle se glissa jusqu'au sol. Elle réussit à échapper aux gardes et se réfugia dans une forêt, chez des bergers. Elle leur demanda de raconter à Aucassin ce qui lui était arrivé. Puis elle construisit dans un taillis une petite cabane avec des branches et des lis pour y recevoir celui qu'elle aimait.

barquèrent sur le bateau d'un riche marchand qui devait les conduire vers les lointaines contrées. Mais à peine furent-ils en pleine mer qu'une violente tempête éclata. Elle entraîna le navire dans un port inconnu

Dans tout le pays, on ne parlait plus que de la dispariton de Nicolette. Certains prétendaient qu'elle avait quitté la région ; d'autres affirmaient que les gardes l'avaient tuée lors de son évasion. Lorsque le comte Garin eut vent de ces rumeurs, il fit libérer son fils. Mais Aucassin était très malheureux, rien ne le distrayait, ni les festins, ni la compagnie de nobles chevaliers et de belles demoiselles. Il déambulait dans les ruelles désertes, errait sur les chemins tout en pleurant la belle Nicolette. Un jour, il parvint à la lisière de la forêt où s'était réfugiée sa bien-aimée. Il rencontra les bergers qui lui parlèrent de Nicolette et quelques instants plus tard, il put enfin la serrer contre son cœur.

Ils décidèrent de quitter ce pays et s'em-

où s'élevait un beau château fort. Ils apprirent d'un marchand qu'ils se trouvaient au pays de Cocagne appelé aussi pays des Lunes Mortes, et que le roi de ce pays menait une guerre très rude. Aucassin remercia le marchand et lui fit ses adieux. Puis il se rendit avec Nicolette chez le roi.

Mais ils furent très surpris en voyant le roi ! Celui-ci les accueillit allongé dans son lit et couvert jusqu'au menton de couvertures. Il s'excusa de sa tenue et leur dit :

« Pardonnez-moi, très chers hôtes, de vous recevoir ainsi. Depuis cinq semaines, je suis père d'une petite fille et la coutume veut dans le pays de Cocagne que lorsque naît un prince ou une princesse, le roi ne quitte pas le lit pendant six semaines. »

Ces explications étonnèrent bien fort

Nicolette. Aucassin demanda au roi: « Où est donc la reine ?»

« La reine ? » répondit le roi. « Mais où pourrait-elle bien être ? Elle est à la guerre, à la tête de mes troupes ! »

Cette réponse étonna encore plus Nicolette mais elle mit Aucassin en colère. Il arracha les couvertures, les lança à travers la chambre, attrapa un bâton qui traînait dans un coin et bastonna le roi.

« Assez ! Assez ! » gémit le roi. « Assez ! Que me voulez-vous donc ? Je vous reçois avec tous les honneurs qu'on doit aux étrangers dans mon château et voilà que vous me battez! Est-ce que cela se fait?»

« Jurez-moi que plus jamais aucun homme dans votre royaume ne restera au lit pendant que les femmes se battent ! »

Le roi jura et Aucassin lâcha son bâton.

« Et bien maintenant, conduisez-moi auprès de la reine ! »

Tout en se plaignant, le roi fit seller son cheval et quitta le palais accompagné par Aucassin. Nicolette devait les attendre dans les appartements de la reine. Après une courte chevauchée, les deux cavaliers se retrouvèrent sur un coteau qui surplombait une jolie rivière. Le roi montra du doigt la vallée et dit à son compagnon:

« Regardez bien, voilà le champ de bataille. Sur la rive gauche, vous pouvez reconnaître les troupes de la reine ; sur la rive droite celles de nos ennemis. Mon cœur se serre devant un si horrible tableau ! »

Aucassin ne comprenait pas.

« Mais de quelle bataille parlez-vous ? » demanda-t-il au roi. « Je ne vois ni épées, ni lances ! »

« Et à quoi serviraient-elles ? » répliqua le roi. « L'ennemi nous a attaqués avec des pommes sauvages cuites et mes troupes, sous le commandement de la reine, se défendent vaillamment avec des fromages et des œufs. En cas de besoin, nous avons préparé une montagne de fromage. »

« Une montagne de fromage ? » demanda Aucassin.

« Et ce n'est pas tout ! » continua le roi très fier de lui. « Une troupe de nos soldats doit rapporter de la forêt des cèpes et des bolets. Comme vous pouvez le voir, il n'y a que des braves dans mon armée ! »

« Et à quoi voit-on que vos chevaliers sont courageux ? » lui demanda Aucassin.

« Le plus courageux est celui qui trouble le plus l'eau de la rivière », répondit le roi.

«Qu'arriverait-il si vous étiez vraiment attaqués? Par les Sarrasins par exemple?»

« Mon jeune ami », lui dit le roi, «tout est prévu. Nos caves sont pleines à craquer de fromages qui moisissent, et puis nos bois regorgent de girolles et de morilles ! »

Aucassin n'en écouta pas plus. Il se lança sur les deux armées qu'il dispersa en un instant. Le roi, affolé, lui criait du haut de la colline de ne pas blesser les combattants.

Après cette mémorable bataille, le roi, la reine et Aucassin s'en revinrent au château. Aucassin et Nicolette acceptèrent leur hospitalité et y demeurèrent longtemps. Mais un beau jour, alors qu'ils festoyaient, les Sarrasins envahirent le pays et s'emparèrent du château. Ils volèrent les trésors et firent prisonniers tous les hommes et toutes les femmes, y compris Aucassin et Nicolette. Aucassin fut jeté pieds et poings liés dans un navire et Nicolette dans un autre. Mais en pleine mer, une terrible tempête se leva et elle dispersa les bateaux : celui d'Aucassin fut par bonheur entraîné sur le rivage de son pays natal. Nicolette se retrouva à Carthage, la ville où elle avait vu le jour.

Le roi de Carthage écouta avec attention le récit de sa vie et reconnut ainsi sa fille. Nicolette eut droit à tous les honneurs dus à une princesse et son père s'empressa de lui trouver un fiancé. Nicolette préféra s'enfuir une nouvelle fois. Elle gagna la côte, s'enduisit le visage avec des plantes qui la rendirent aussi noire que le charbon puis elle dénicha un manteau, une chemise et des gants et se déguisa en baladin. Elle embarqua ensuite sur un bateau qui mettait le cap sur la France.

Là, elle se mit à la recherche d'Aucassin ; elle traversa bien des montagnes et bien des plaines. Elle jouait du violon et chantait pour gagner son pain. Elle finit par arriver dans la ville de Beaucaire, elle courut à la maison de son maître. Ce dernier était mort depuis bien longtemps comme le comte Garin d'ailleurs. Sa maîtresse la reconnut cependant et l'accueillit à bras ouverts. Elle l'aida à se laver, lui donna pour se frotter le visage de la chélidoine qui rend la peau claire et la laissa se reposer une semaine entière. Au bout de huit jours, Nicolette était plus belle que jamais.

La jeune fille envoya chercher Aucassin qui ne pouvait se consoler d'avoir perdu sa bien-aimée. Ils se retrouvèrent enfin et dès le lendemain se marièrent. Ils vécurent de longues années de bonheur et plus d'une chanson conte encore leurs amours.

LE GARÇON DE L'ÎLE DE MAJORQUE

Dans une ville espagnole du sud de l'Andalousie vivait autrefois un riche Maure. Il possédait une belle maison et un jardin encore plus magnifique, de belles vignes et une oliveraie ; dans sa cave s'entassaient des coffres remplis de pièces d'or. Tout ce qu'il pouvait désirer, il le possédait, tout sauf une chose.

Et cette chose, il ne pouvait pas l'acheter même avec tout l'or du monde : le Maure était en effet aveugle. Jamais il ne voyait les belles grappes de raisin suspendues à ses vignes, ni la lumière du soleil qui danse entre les feuilles des oliviers, ni les roses dans le jardin, ni le ciel bleu au-dessus de son palais.

Des médecins célèbres venus de la capitale l'avaient ausculté, d'autres avaient traversé la mer, venant de pays lointains, mais malgré leur bonne volonté et leurs remèdes ils ne lui avaient jamais rendu la vue.

Le Maure vivait seul dans le palais, en compagnie d'un jeune esclave qui avait été jadis capturé par des pirates dans l'île de

Majorque. Le riche Maure l'avait acheté sur un marché pour une poignée d'argent et en avait fait son serviteur. Avec le temps, le Maure se mit à l'aimer comme son propre fils ; il nourrissait beaucoup d'affection à son égard. Ils bavardaient ensemble pendant les longues soirées tout en se promenant dans le jardin.

Le garçon lui parlait des roses, des étoiles étincelantes dans le ciel, de l'eau de la source et de la couleur des nuages au coucher du soleil. Le Maure l'écoutait mais il devenait chaque jour de plus en plus triste.

Un jour le jeune garçon lui demanda :

« Maître, j'aimerais revenir chez moi, sur mon île natale, pour y passer quelques jours. Il y existe des montagnes étranges sur les sommets desquelles poussent toutes sortes de fleurs et de plantes rares au pouvoir magique. Peut-être que certaines de ces plantes pourraient vous guérir ! Croyez-moi, je connais parfaitement les montagnes.

Quand j'étais enfant, j'y passais des journées entières ; elles n'ont pas de secret pour moi. »

Le Maure réfléchit un long moment. Il aimait le jeune garçon et il voulait lui faire plaisir, lui laisser revoir ces montagnes magiques de son enfance dont il parlait si souvent. Il ne croyait pas que le jeune garçon pourrait lui rendre la vue quand les plus célèbres médecins avaient échoué. Et si le garçon ne revenait pas ? Il resterait à jamais seul, encore plus seul qu'autrefois dans sa nuit noire.

Il finit par lui répondre : « Retourne dans tes montagnes magiques, mais je t'en supplie, reviens ! Tu me le promets ? »

Le jeune esclave le lui promit et ils se firent leurs adieux.

Les jours passaient, le Maure attendait. Il pensait ne jamais revoir le jeune garçon quand il entendit un beau jour quelqu'un frapper discrètement à sa porte. Puis une voix qu'il connaissait lui annonça:

«Maître, je suis de retour.»

Le Maure l'embrassa et lui demanda :

« Que me rapportes-tu de tes montagnes magiques ? »

« Sept paires de sandales que portent les gens de mon pays pour marcher en montagne. »

Le Maure fut étonné par cette réponse ; il éclata de rire et dit :

« C'est très gentil de ta part. Et ces étranges plantes dont tu m'as parlé ? »

Le jeune esclave donna la première paire de sandales à son maître en lui disant :

« Dès que je suis arrivé chez moi, j'ai chaussé ces sandales et j'ai cherché toute la journée les plantes magiques dans la montagne. C'était le lundi. J'ai traversé des bois et des fourrés, loin des sentiers. Approchez ces sandales de vos yeux, peut-être ai-je marché sur une herbe magique ou sur une plante miraculeuse . . . »

Le Maure fit ce que lui avait dit le garçon mais pas la moindre étincelle de lumière ne troua l'obscurité.

Le garçon tendit la deuxième paire au Maure: «J'ai porté ces sandales le mardi. J'ai couru dans les prés et sur les rives des lacs. »

Le Maure effleura ses paupières avec les sandales mais la nuit noire ne se dissipa pas.

L'esclave lui donna alors la troisième paire.

« J'ai porté ces sandales le mercredi. J'ai couru sur les traces des chamois et des chè-

vres de montagne. Approchez-les de vos yeux. »

Le Maure lui obéit mais l'obscurité demeura.

Le garçon prit la quatrième paire.

« J'ai porté cette paire le jeudi. Tout au long du jour, j'ai escaladé des rochers, j'ai grimpé jusqu'aux nids des aigles, dans les nuages et les brumes. Essayez-les. »

Le Maure les appuya contre ses yeux mais rien ne se produisit.

Le garçon lui donna la cinquième paire.

« J'ai chaussé la cinquième paire le vendredi. De l'aube jusqu'au crépuscule, j'ai escaladé des cols dans la pierraille et la mousse. »

Le Maure les appliqua sur ses yeux mais il ne bougea pas ; pas la moindre étincelle, pas la moindre lumière n'avait percé le rideau sombre.

Il lui tendit alors la sixième paire.

« J'ai porté cette paire de sandales le samedi. J'ai escaladé des rochers sur lesquels ne poussent que des lichens. »

Le Maure porta les sandales à ses yeux mais secoua tristement la tête.

Le garçon lui donna la septième paire.

« C'est la dernière paire. Chaussé de ces sandales j'ai escaladé tout le dimanche les plus hauts sommets. On n'y trouve pas de lichens mais seulement quelques brins d'herbe nichés dans les replis de la pierre. Le ciel était proche et j'étais libre, aussi libre qu'un oiseau dans les airs. »

Le Maure effleura ses yeux avec les dernières sandales. Le voile de la nuit se déchira soudain et il demeura interdit. Il voyait au loin la mer et le soleil suspendu au-dessus de l'horizon. Il découvrit les roses dans le jardin et devant lui le visage du garçon, rayonnant de joie.

« Que désires-tu comme récompense ? » lui demanda le Maure. «La maison, le jardin, les coffres pleins d'or, l'oliveraie, les vignes sur le coteau ? Tout t'appartient, tout ce que je possède ! »

Le garçon secoua la tête et répondit doucement:

« Je veux ma liberté. »

C'est ainsi que le garçon de Majorque retrouva sa liberté. Mais il ne quitta pas le Maure ; il vécut avec lui jusqu'à sa mort. Et puis, il disparut, comme emporté par le vent.

LE LUTH ENCHANTÉ

Il y avait autrefois en Espagne dans la ville de Grenade un très vieux palais. On l'appelait la maison des Infantes. Trois princesses maures, Zaida, Zoraida et Zorahaida, y avaient habité. Depuis lors, il était abandonné ; personne ne voulait y vivre car on prétendait qu'il était hanté. On racontait que la plus jeune des trois princesses apparaissait parfois dans la cour et chantait sur son luth au clair de lune une triste mélodie.

Un jour, une dame de la noblesse et sa jeune nièce, Yacinthe, s'y installèrent. La dame ne croyait pas à la légende de la princesse maure et appréciait ce lieu que tout le monde craignait. Elle avait choisi une demeure éloignée et vide pour y abriter sa nièce. Elle la cachait aux yeux du monde dans les murs du vieux palais.

Yacinthe était encore une enfant. Elle était aussi belle qu'un bouton de rose. Sa vieille tante ne la laissait jamais sortir de la maison et lorsqu'un étranger y pénétrait, elle enfermait dans une pièce très reculée sa jeune protégée.

Un jour, un jeune homme passa à cheval près de la maison isolée. Il s'appelait Ruiz ; il était page à la cour royale. Le roi et la reine l'aimaient comme leur propre fils. Il trottait entre les taillis, portant un faucon sur son poing. Il aperçut un oiseau haut perché sur un arbre et lâcha son faucon. Le faucon s'éleva au-dessus de la cime des arbres, se dirigea vers le palais et se posa sur le toit. Ruiz l'appela mais le faucon ne lui obéit pas. Il se dirigea alors vers la vieille demeure et frappa à la porte.

Il aperçut soudain à une fenêtre le doux visage d'une jeune fille si merveilleuse qu'il en resta confondu. La jeune fille disparut mais réapparut quelques instants plus tard à une petite fenêtre près de la porte.

« J'aimerais attraper mon faucon qui s'est posé sur le toit de votre maison. Puis-je entrer ? » lui dit Ruiz.

« Ne vous fâchez pas », lui répondit Yacinthe, « ce n'est pas possible. Ma tante m'a interdit d'ouvrir à qui que ce soit. »

Ruiz insista tant qu'il finit par convaincre la jeune fille. Elle le laissa entrer. Lorsqu'il vit Yacinthe de plus près, il fut ébloui par sa beauté. Il s'en éprit aussitôt.

Yacinthe était confuse, ses mains tremblaient. La bobine de fil qu'elle tenait un instant auparavant lui échappa des mains. Ruiz la ramassa et la lui tendit en souriant. Ils se trouvaient dans une petite cour près d'une fontaine où clapotait un jet d'eau. Ils étaient debout, immobiles, se regardant dans les yeux en silence.

Des pas résonnèrent tout à coup, Yacinthe lui murmura rapidement :

« C'est ma tante qui revient. Il vous faut partir. Elle serait très en colère si elle vous trouvait ici. »

« Je pars », lui répondit Ruiz, « mais à une seule condition : donnez-moi cette belle rose que vous portez dans vos cheveux. »

Yacinthe la lui donna et le jeune homme couvrit la fleur de baisers. Puis il s'éloigna rapidement, emportant la rose mais aussi le cœur de la jeune fille.

Il siffla le faucon qui vint se poser sur son épaule après avoir longuement survolé la maison. Puis le cavalier disparut au loin.

Une mauvaise nouvelle attendait Ruiz à la cour : le roi et la reine s'apprêtaient à quitter le jour même Grenade, et Ruiz devait les accompagner. Le jeune page fut très malheureux à l'idée de ne pouvoir saluer sa belle inconnue avant son départ. Il ne cessait pas de penser à elle.

Yacinthe était elle aussi très malheureuse. Tout le jour elle ne quittait pas la route des yeux, elle guettait l'apparition du jeune homme. Mais jamais elle ne le voyait. Elle finit par tout raconter à sa tante. Celle-ci se fâcha, car malgré sa vigilance, un étranger s'était introduit dans la maison. Dès lors, elle ferma à clef toutes les entrées.

Les jours, les semaines, les mois passaient et le jeune homme ne se montrait pas. La malheureuse Yacinthe ne pouvait l'oublier, elle était chaque jour un peu plus triste. Elle ne chantait plus, ne jouait plus de la guitare comme autrefois.

Elle passait de longues heures assise près de la fontaine en serrant dans sa main la bobine de fil. Elle gardait la tête baissée et un long soupir s'échappait parfois de sa poitrine. Sa vieille tante devina bien vite la cause de son chagrin.

« Ne pense plus à lui. Il t'a déjà oubliée. De toute façon, il ne t'aurait pas épousée; son père est un riche noble, un des plus proches conseillers du roi. Jamais il n'aurait consenti à un tel mariage ! Suis mon conseil, oublie-le. »

Mais Yacinthe ne pouvait l'oublier. Elle restait assise des heures entières près de la fontaine, les larmes aux yeux.

Un soir de printemps, elle était comme de coutume assise près de la fontaine. Elle poussait de gros soupirs. Tout à coup l'eau de la fontaine se rida, la colonne du jet d'eau s'éleva de plus en plus haut et une belle femme vêtue d'un costume maure ancien y apparut. Yacinthe, effrayée, s'enfuit vers la maison. Le lendemain matin, elle raconta cette étrange aventure à sa tante. Celle-ci ne la crut pas, elle pensait que sa nièce était trop sensible et qu'elle confondait ses rêves avec la réalité.

« Peut-être as-tu pensé à cette vieille histoire des trois princesses maures et elle t'a sans doute troublée ! »

« Mais je ne connais pas cette histoire ! » lui répondit Yacinthe toute surprise. «Raconte-la moi s'il te plaît ! »

« Oh, ce n'est rien d'important », lui dit sa tante. « Il y a fort longtemps, dit-on, un Maure avait enfermé dans cette maison ses trois filles pour les tenir à l'abri du monde. Mais les trois princesses aimaient trois jeunes hommes de Castille qui les avaient convaincues de s'enfuir avec eux. Seules les deux aînées le firent, la benjamine eut peur au dernier moment de s'ennuyer si loin de chez elle. Elle fit attendre si longtemps son bien-aimé qu'il partit sans elle. La princesse fut alors très malheureuse. Le jeune homme pensa longtemps à elle mais il finit par

l'oublier et épousa un beau jour une noble Castillane. Ce jeune homme, d'ailleurs, était ton ancêtre ! »

Ce soir-là, alors que toute la maison dormait, Yacinthe se rendit dans la cour. Quand minuit eut sonné, l'eau de la fontaine se troubla et la silhouette de la princesse maure se profila dans le jet d'eau. Elle portait de magnifiques bijoux brillants sur sa robe et tenait à la main un luth argenté.

Yacinthe fut effrayée mais une voix calme et douce la rassura.

« Fille de mortels, qu'est-ce qui te tourmente ? Pourquoi tes larmes et tes soupirs troublent-ils le calme de la nuit ? »

« Je suis triste », murmura Yacinthe, « parce que l'homme que j'aime m'a quittée. Je souffre car je suis seule. »

« Je connais peut-être un remède au mal qui te ronge », lui répondit la princesse, «acceptes-tu de me délivrer de la malédiction qui pèse sur moi ? »

« De tout mon cœur ! » s'écria Yacinthe.

« Alors il faut que tu brises le cercle du destin. Je n'en ai pas été capable. Essaie ; si tu y parviens, nous aurons enfin une chance toutes les deux d'être heureuses. »

Sur ces mots, la belle dame disparut. Seule la lune se réflétait dans l'eau.

Yacinthe rentra dans sa chambre toute tremblante. Elle ne pouvait s'endomir. Il lui semblait qu'elle rêvait.

Le matin, lorsqu'elle sortit dans la cour, elle s'arrêta stupéfaite : sur le banc près de la fontaine était posé le luth.

A partir de ce jour-là, les habitants de Grenade entendirent une musique enchantée et envoûtante qui s'échappait de la vieille maison. Et chaque passant s'y arrêtait pour l'écouter avec émotion.

Yacinthe était invitée partout, même dans les palais pour jouer de son luth magique. Jamais elle ne refusait, elle devint célèbre en Andalousie puis dans tout le royaume d'Espagne. Sa renommée parvint même à la cour du roi.

Le roi souffrait à cette époque d'une bien étrange maladie : il était triste, il ne voulait voir ni entendre personne, et il s'enfermait dans sa chambre. Ses fenêtres étaient masquées par de longs rideaux noirs qui ne laissaient pas passer la lumière. Seules quelques bougies éclairaient faiblement sa chambre.

Lorsque la reine entendit parler de cette jeune fille dont la musique parlait au cœur des gens, elle l'invita à la cour et lui demanda de jouer devant les fenêtres de la chambre du roi, dans la cour. Yacinthe accepta. Le roi entendit une douce musique, il leva la tête, intrigué, puis il s'approcha de la fenêtre et ouvrit les rideaux en grand. Le soleil le fit cligner des yeux et, pour la première fois depuis très longtemps, le roi se mit à sourire. Il était guéri.

Mais quelqu'un d'autre avait entendu cette merveilleuse musique ; c'était Ruiz, le jeune page. Il chercha dans tout le palais qui pouvait ainsi jouer et aperçut la jeune fille de Grenade, celle qu'il aimait et qu'il ne pouvait oublier. Il tomba à ses pieds en pleurant de joie.

Et quelques jours plus tard, on célébra leur mariage à la cour du roi.

Qu'est-il arrivé au luth enchanté ? Yacinthe en joua toute sa vie en en prenant soin. Elle le transmit à ses fils, qui le léguèrent à leurs fils jusqu'au jour où l'un d'eux l'emmena en Italie. On y fit fondre le luth argenté et on utilisa dans la ville de Cremone ses cordes pour un autre violon.

Et de nos jours encore, on assure que les violons de Cremone sont les plus merveilleux du monde.

LE CHEVALIER AU CYGNE

A sa mort, le duc de Brabant laissa deux héritiers : sa fille Elsa âgée de dix-huit ans et son fils Gottfried de quatorze ans. Comme Gottfried n'était pas en âge de gouverner, le comte de Telramund fut nommé tuteur et administra le domaine. C'était un homme malhonnête qui ne poursuivait qu'un seul but : s'emparer du Brabant sur lequel il régnerait définitivement seul.

Pour cela, il avait demandé la main de la

belle Elsa mais elle avait refusé. Telramund se mit alors à haïr la jeune fille et il jura de se venger. Quelque temps plus tard il épousa Ortrude, une princesse phrygienne. Il n'eut aucun mal à la persuader de l'aider ; il voulait se débarrasser non seulement d'Elsa mais aussi de son jeune frère pour régner enfin seul. Comme Ortrude pratiquait la magie et la sorcellerie, ils mirent au point un moyen infaillible pour parvenir à leurs fins.

Par un bel après-midi, Elsa alla se promener avec son frère dans la forêt voisine. Il faisait très chaud. Elsa, épuisée, s'allongea sur l'herbe et s'assoupit.

Elle fit un rêve étrange : un chevalier aussi beau qu'Apollon se dressait devant elle et lui disait :

« Je suis venu t'offrir mon aide car un grave danger te menace. Si tu as besoin de moi, appelle-moi et je volerai à ton secours. »

Le chevalier s'évanouit dans les brumes du sommeil et Elsa se réveilla. Elle se retourna pour appeler son jeune frère mais il n'était plus là. Elle le chercha dans les taillis, au bord de la rivière, dans la forêt, dans les prairies mais Gottfried avait bel et bien disparu. Le soir, elle rentra seule au château. Tous les gentilshommes ainsi que les serviteurs partirent à sa recherche, mais ils eurent beau fouiller la forêt toute la nuit, l'héritier du duc de Brabant était introuvable, il avait disparu sans laisser de trace.

Aussitôt, Ortrude accusa la malheureuse Elsa d'avoir assassiné son frère. La jeune fille se défendit de son mieux contre ces ignobles calomnies mais le comte de Telramund se mit aussi à l'accuser. Les gentilshommes ne savaient plus qui croire . . .

Le roi Henri l'Oiseleur ne tarda pas à apprendre la disparition de l'héritier Brabant. Le souverain n'hésita pas et se rendit séance tenante en pays brabant pour y rendre justice et châtier le coupable.

Toutes les dames et les gentilshommes étaient assemblés dans une prairie au bord de la rivière, non loin du château. Ils devaient expliquer au roi ce qui s'était réellement passé. Le comte de Telramund et son épouse accusèrent Elsa d'avoir assassiné son frère. Le roi fut horrifié par un tel crime ; il fit comparaître la jeune fille. Elle s'avança vers le souverain, entourée par ses dames de compagnie, et jura en pleurant qu'elle était innocente. Lorsque le roi vit cette douce et fragile jeune fille, il ne la crut pas coupable. Il décida alors de s'en remettre à Dieu.

A cette époque, on faisait souvent appel à la justice divine pour prouver l'innocence ou la culpabilité d'un accusé. Deux chevaliers s'affrontaient dans un combat singulier, l'un défendant l'honneur de l'accusé et l'autre la justesse de l'accusation. Celui qui l'emportait détenait la vérité.

Les héraults claironnèrent aux quatre points cardinaux du royaume :

«Que l'honorable chevalier qui désire défendre l'honneur de l'accusée s'avance ! »

Mais personne ne bougea. Tous les gentilshommes se tenaient tête basse et restaient silencieux. Elsa blêmit. Tout à coup elle se souvint du chevalier qui lui était apparu dans son rêve et elle l'appela à son secours.

Ortrude et le comte de Telramund se moquaient entre eux de la jeune fille, car ils ne doutaient pas de leur victoire. Désespérée, Elsa tomba aux pieds du souverain et l'implora de renouveler son appel. Le roi accepta et les héraults claironnèrent une seconde fois leur message.

C'est alors qu'apparut sur la rivière un magnifique cygne, blanc comme la neige. Il était attaché par une chaînette à une barque qu'il traînait. Dans la barque se tenait un chevalier inconnu, vêtu d'une cotte de mailles. Elsa reconnut le chevalier de son rêve.

La barque accosta, le chevalier sauta à terre et fit ses adieux au cygne qui s'éloigna. L'inconnu s'inclina devant le roi, s'approcha d'Elsa, la salua galamment et lui dit avec respect :

« Je suis venu tenir ma promesse. Si tu le permets, je me battrai pour toi, pour te défendre contre ces ignobles calomnies. »

Elsa lui raconta rapidement ce qui s'était passé. Le chevalier, ému par son récit et par sa beauté, lui demanda :

« Si je remporte ce combat — et je le remporterai — m'accepteras-tu pour époux ? »

Elsa approuva d'un signe de la tête. Le chevalier poursuivit :

« Je te demande une chose cependant. Je te serai toujours fidèle et je défendrai ton pays contre ses ennemis mais jamais tu ne dois me demander quel est mon nom ni d'où je viens. »

Elsa le lui promit à travers ses larmes.

L'inconnu se prépara à se battre mais son adversaire, le comte de Telramund, prit peur et refusa de l'affronter. Le roi déclara que dans ces conditions Elsa serait proclamée innocente. Fou de rage, Telramund serra les dents et accepta le combat.

Il fut bref. Le chevalier inconnu vainquit facilement son adversaire. Il lui fit toucher terre mais lui épargna la vie ; il voulait lui offrir une chance de réparer tout le mal qu'il avait fait.

Telramund et Ortrude venaient de perdre leur honneur devant la cour royale et la noblesse. On les fit asseoir sur les marches du palais, comme des proscrits, et ils furent la risée des passants.

Mais Ortrude ne s'avoua pas pour autant vaincue. A chaque occasion, elle demandait pardon à Elsa avec des larmes feintes. Elle imita si bien le chagrin et le remord qu'Elsa en fut émue. Ses paroles pleines de fiel la troublèrent malgré elle :

« Et si c'était un sorcier ? Ou bien un aventurier qui court le monde ? Nous ne savons même pas son nom ! Ce n'est certaine-

ment pas un noble mais un vagabond ou un imposteur. S'il t'aime tant, pourquoi te cache-t-il son nom ? »

Elsa défendait l'inconnu de son mieux mais Ortrude la tourmentait sans cesse.

Le jour des noces arriva enfin. Ortrude ne quittait pas Elsa des yeux, savourant déjà sa victoire. Le soir, Telramund se cacha dans la chambre des jeunes mariés, derrière un rideau épais. Il les écouta tout en retenant son souffle. Il entendit bientôt ce qu'il souhaitait : Elsa, rongée par le doute, posa à son époux la question fatale qui la tourmentait depuis plusieurs jours.

« Dis-moi, beau seigneur, comment t'appelles-tu ? Qui es-tu et d'où viens-tu ? »

Le chevalier se recouvrit le visage de ces mains et un profond soupir s'échappa de sa poitrine. Il comprenait la curiosité d'Elsa mais ne pouvait manquer à sa promesse : Elsa n'avait plus confiance en lui, il devait la quitter. Mais un léger mouvement du rideau trahit la présence de Telramund, le chevalier comprit que sa bien-aimée était victime d'un complot. Il sauta du lit, saisit son épée et frappa dans le rideau. Le traître s'effondra, mort.

Le lendemain matin, le chevalier pria le roi et sa cour de se rendre au bord de la rivière. Il allait dévoiler son nom et leur faire ses adieux. Il ne pouvait rester un seul jour de plus. Lorsqu'ils furent tous réunis, le chevalier leur dit :

« Je suis Garin de Lothringen, dit Lohengrin, et je viens de la sainte montagne Monsalvat où nous gardons, avec mes compagnons, le saint Graal. Chaque année, l'un d'entre nous part dans le monde pour défendre les innocents mais il ne peut y rester que tant que son nom est ignoré. Dès qu'il le dévoile, il doit rentrer à Monsalvat. C'est la loi. »

Puis il fit ses adieux à Elsa qui le suppliait en pleurant de lui pardonner. Le cygne réapparut sur la rivière, tirant la même barque. Lohengrin s'approcha du splendide oiseau et ôta la chaîne qu'il portait au cou. Le cygne plongea dans les eaux et Gottfried, le frère perdu d'Elsa, réapparut à la surface.

On entendit alors un long cri aigu : c'était Ortrude qui s'effondrait, terrassée par la rage d'avoir échoué. Personne ne la plaignit. Chacun avait compris qu'elle avait ensorcelé Gottfried pour se débarrasser de l'héritier du trône.

Gottfried s'élança vers sa sœur et la serra contre son cœur, tout heureux de la retrouver enfin. Elsa l'embrassa. La barque disparut au loin, elle emportait le pauvre Lohengrin qui aimait tant Elsa et qui devait pourtant la quitter pour toujours.

TANNHÄUSER

Le seigneur Tannhäuser était un noble chevalier. Il avait voyagé dans de nombreux pays et contrées, traversé des rivières et des océans, et avait été reçu dans bien des châteaux et des cours royales. Partout où il allait, il chantait la gloire de la Vierge Marie.

Un beau jour, il parvint au pied d'une haute montagne aux pentes verdoyantes. Les rochers s'ouvrirent devant lui, et, intrigué, Tannhäuser y pénétra. Il y découvrit un monde nouveau et inconnu : à l'intérieur de la montagne se trouvait le royaume de Vénus, la déesse de l'amour, qui vivait entourée par ses compagnes. Elles étaient toutes si belles que Tannhäuser resta interdit, et se crut dans un rêve.

Vénus l'accueillit avec bienveillance et l'invita à demeurer dans son palais. Le chevalier ne put résister à une telle offre et il s'installa dans la montagne. Dès lors, il chanta des chansons d'amour pour la déesse et ses compagnes. Les jours s'écoulaient dans la gaieté et le bonheur. Vénus espérait que jamais Tannhäuser ne les quitterait. Il semblait, en effet, avoir oublié le monde des humains.

Mais ce n'était qu'une illusion. Au bout d'un certain temps, le chevalier commença à s'ennuyer. Au printemps, le chant des oiseaux, l'eau claire des torrents et le tintement des cloches lui manquaient. Plus le temps passait, plus il en souffrait. Et puis un jour, il n'y tint plus.

Il alla voir Vénus.

« J'ai passé de merveilleux moments en votre compagnie, Dame. Mais le monde des humains me manque. Laissez-moi partir, je vous en prie ; j'aimerais retourner dans le monde auquel j'appartiens. »

Vénus ne s'attendait pas à une telle requête ; elle assura le chevalier que jamais il

ne serait aussi heureux que dans son palais. Elle lui offrit d'épouser la plus belle de ses compagnes mais Tannhäuser insista tant que Vénus consentit à ce qu'il parte.

Le rocher s'ouvrit pour laisser passer Tannhäuser. Il revint dans le monde des hommes. C'était le printemps, les oiseaux chantaient, l'eau clapotait et chantonnait dans les torrents et les rivières. Mais Tannhäuser marchait tête baissée, le cœur lourd. Il se sentait coupable. Il se reprochait d'être demeuré si longtemps dans le palais de la déesse et d'avoir oublié la Vierge Marie. Il alla à Rome pour se faire absoudre par le pape Urbain IV.

Le pape le reçut courtoisement, Tannhäuser lui raconta son aventure puis il lui dit:

« Saint Père, je vous ai tout avoué. Pardonnez-moi, je vous en prie. Quelle pénitence dois-je faire pour un si gros péché ? »

Mais le pape se renfrogna, il lui montra sa canne dans un coin de la pièce et lui répondit avec colère :

« Tout comme ce bois sec ne peut reverdir, ni donner de feuilles vertes, je ne puis t'absoudre ! Tu as péché. Je te demande de ne plus jamais franchir le seuil de cette maison ! »

La mort dans l'âme, Tannhäuser quitta le palais. Il réfléchit longtemps à ce qu'il devait faire. Il se décida tout à coup et sortit de la ville.

Il alla vers la montagne de Vénus et frappa la roche. La montagne s'entrouvrit, Tannhäuser entra. La déesse et ses compagnes l'accueillirent en poussant des cris de joie.

Trois jours passèrent. Le soir du troisième jour, le pape s'aperçut soudain que sa canne portait de nombreux bourgeons d'où pointaient des petites feuilles vertes.

Il fit aussitôt rechercher Tannhäuser par ses plus rapides coursiers. Ils fouillèrent tout le pays, interrogèrent les bourgeois des villes, les châtelains, les paysans, mais sans aucun succès. L'un après l'autre, ils rentrèrent à Rome, sans avoir retrouvé la trace du chevalier.

Tannhäuser demeura dans la montagne de Vénus, et jamais ne désira la quitter.

PERCEVAL LE GALLOIS

Dame Herzéloïde était bien souvent seule dans son château. Son seigneur, le célèbre chevalier Gahmuret était toujours de par le monde. Il menait une vie agitée, où se succédaient tournois, batailles, croisades et faits d'armes. Il avait parcouru tout le pays des Sarrasins ; il connaissait l'Espagne, l'Angleterre ; il s'était même battu sous le ciel torride d'Afrique. Il ne faisait que de brèves et rares haltes dans son château auprès de sa malheureuse épouse. Herzéloïde était très triste mais que pouvait-elle faire ? Elle attendait avec patience son courageux chevalier qui rentrait épuisé de lointaines aventures.

Une nuit, Herzéloïde fit un rêve étrange : elle volait dans les airs comme une étoile filante, au milieu du grondement sourd du tonnerre et des lueurs menaçantes des éclairs. De sa chevelure jaillissaient des étincelles et son visage était inondé de larmes qui ressemblaient à des perles de pluie chaude. Un horrible dragon se dressait tout à coup devant elle, il lui arrachait le cœur et s'envolait. La reine se réveilla alors en sursaut et en poussant un cri de frayeur. Et depuis ce cauchemar, un étrange pressentiment la tourmentait. Ses craintes ne tardèrent pas à se vérifier. Quelques jours plus tard, Herzéloïde reçut une fort triste nouvelle : son mari, le noble chevalier Gahmuret, était tombé au cours de la bataille de Bagdad.

Elle mit au monde, peu après, un beau et robuste petit garçon qu'elle appela Perceval. Chaque fois qu'elle le serrait contre son cœur, elle lui murmurait tendrement : « Toi, mon fils, mon gentil garçon, jamais je ne te laisserai partir ! »

Lorsqu'il fut un peu plus grand, elle le confia à un ermite ; elle lui ordonna d'élever son fils dans la forêt, à l'abri du monde et de son agitation. Il devait tout ignorer des chevaliers, de leurs tournois, des châteaux, des batailles et du code de l'honneur des chevaliers. Perceval grandit et devint un fougueux jeune homme qui aimait la vie. Il habitait dans la forêt avec l'ermite et ignorait ce que pouvait être un chevalier. Sa mère venait parfois le voir ; elle le caressait

et se montrait très gentille ; jamais elle ne lui parlait de ce qui se passait au-delà de la forêt.

Mais, un jour, Perceval rencontra dans une clairière cinq cavaliers : ils montaient de beaux chevaux et portaient une épée. Le garçon les contempla, admiratif et fasciné. Les cavaliers mirent pied à terre et bavardèrent avec le jeune homme. Ils lui demandèrent son nom :

« Je l'ignore », répondit le garçon. « Lorsque ma mère vient me voir, elle me dit toujours : toi, mon fils, mon gentil garçon ! »

« Mais alors tu es Perceval, le fils de notre dame ! » s'écrièrent-ils surpris.

Ils lui parlèrent longuement de combats, de tournois, de grandes expéditions, de la vie dans les châteaux et des chevaliers. Perceval les écouta, émerveillé, et voulut aussitôt devenir chevalier. Rien ne pouvait le faire changer d'avis ; il se procura un vieux che-

val efflanqué et boiteux, et il se mit en route, débordant d'enthousiasme.

Après une longue route, il parvint au château du roi Arthur. Il entra sans hésiter dans la cour. L'intendant fut stupéfait en apercevant ce jeune cavalier dans un habit troué et rapiécé, monté sur un cheval pitoyable, sans selle ni harnais.

« Que cherches-tu par ici et qui es-tu ? » lui demanda-t-il d'un ton sévère. Le cavalier mal vêtu lui répondit :

« Je m'appelle Perceval et je cherche le roi pour qu'il m'arme chevalier. »

L'intendant se mit à rire. A ce moment apparurent dans la cour deux fous du roi ; ils se mirent à sautiller joyeusement autour d'eux en criant :

« Vive Perceval, le meilleur des chevaliers ! Vive le valeureux Perceval ! »

Perceval se redressa flatté et l'intendant lui dit :

« Comment veux-tu devenir chevalier quand tu n'as ni épée ni lance ? »

« Je gagnerai mes armes au combat », répondit fièrement le jeune homme. « On verra alors si je ne suis pas digne de mon épée ! »

L'intendant acquiesça d'un signe de la tête :

« Eh bien, je vais tout de suite te donner ta chance. Sous le château, dans le pré, tu trouveras un chevalier étranger qui nous a offensés. Nous allions justement le punir. Fais-le à notre place. Il porte une armure rouge, une bonne épée et une lance très pointue. Si tu es victorieux, tu pourras tout lui prendre. Tu pourras même garder son cheval et sa selle. Lorsque tu en auras fini avec lui, reviens ; je te conduirai auprès du roi. »

« Je serai de retour d'ici peu », répondit Perceval. Et, monté sur son maigre cheval, il se dirigea vers les portes du château.

Il aperçut de loin le chevalier à l'armure rouge ; il s'en approcha et le salua fièrement :

«Prépare-toi, seigneur. Je dois me battre contre toi et j'ai grand besoin de tes armes, de ton cheval et de ta selle. Sans eux, je ne pourrai me présenter au roi et je n'aurai aucune chance d'être armé chevalier. Prends garde, je suis pressé. »

Sur ces paroles, il éperonna son cheval qui s'élança contre le chevalier. Ce dernier suivait des yeux, fasciné, ce cavalier loqueteux, et attendait. Le cheval de Perceval se raidit soudain devant l'ennemi, ses sabots de devant raclèrent le sol et le chevalier, surpris par cette attaque inhabituelle, tomba de son cheval et roula à terre.

Perceval lui ôta avec peine son armure, s'empara de son épée, de son bouclier et de sa lance. Il remonta sur son vieux cheval, at-

trapa la bride de l'étalon du chevalier et se dirigea vers le château.

L'intendant fut stupéfait de le voir revenir. Mais il lui fallait toutefois tenir sa promesse. Il conduisit donc Perceval chez le roi Arthur et lui raconta ce qui s'était passé. Le roi fut très étonné ; il demanda au jeune homme de lui raconter sa vie, puis il l'invita à sa table.

Désormais, Perceval demeura auprès du roi Arthur. Il s'entraînait pour les tournois et apprenait son nouveau métier de chevalier. Mais sa mère lui manquait. Il décida de lui rendre visite et de lui raconter ses aventures. Le roi Arthur lui donna la permission de partir.

Il galopa toute la journée et le soir il se retrouva si loin qu'un oiseau n'aurait pu parcourir en un jour une telle distance. Le soleil se couchait lorsque Perceval parvint près d'un petit lac sur les berges duquel des pêcheurs faisaient sécher leurs filets. L'un d'entre eux intrigua plus particulièrement Perceval : il portait un chapeau avec des plumes de paon et son visage était livide et triste. Il s'approcha de lui pour lui demander où il pourrait passer la nuit.

« Seigneur », répondit le pêcheur, « vous ne trouverez pas le moindre abri à trente milles aux alentours mais non loin d'ici, il y a un très grand château. Si vous ne voulez pas passer la nuit à la belle étoile comme nous, allez-y. »

Il lui indiqua le chemin et Perceval éperonna son cheval. Il aperçut bientôt devant lui de très larges remparts et des tours élevées. Il était parvenu devant un imposant château qui aurait pu être assiégé pendant trente ans par toutes les armées du monde sans être conquis. Perceval ignorait alors qu'il était si proche du but suprême ; il ne se doutait pas que cette même nuit il allait devenir le plus célèbre des chevaliers mais qu'il allait aussi connaître sa plus grande déception.

Il passa le pont-levis et se retrouva dans la cour. L'herbe y était très haute, apparemment il n'y avait pas eu de tournoi depuis fort longtemps... Perceval fut accueilli avec beaucoup de courtoisie mais il remarqua que toutes les personnes qu'il croisait étaient extrêmement tristes.

Des chevaliers lui offrirent de se joindre à eux, de partager leur table. Perceval accepta avec joie. Et, avec grand appétit, il se mit à manger. A peine avait-il avalé une gorgée de vin pour se désaltérer qu'un petit homme tout bariolé entra dans la salle et s'écria :

« Hé, le campagnard ! Tu t'es bien empli la panse, lève-toi et cours voir notre seigneur maintenant ! »

Perceval se leva d'un seul bond, prêt à châtier l'impudent, mais un chevalier retint son bras.

« Laisse-le tranquille, Messire. C'est un bouffon, il a le droit de dire la vérité. Et puis, ses plaisanteries nous divertissent au moins un peu dans notre tristesse. »

Puis il conduisit Perceval dans une immense salle qui était décorée avec splendeur. Au plafond étaient suspendus cent lustres et sur les tables brûlaient mille bou-

gies. Le sol était recouvert de tapis aux couleurs très vives et dans les cheminées en marbre brûlait du bois d'aloès. Devant la plus grande des cheminées le roi se reposait.

« Viens t'asseoir près de moi », lui dit le roi. «Mais auparavant, mets une bûche dans le feu et donne-moi ma fourrure car je tremble de froid. »

Perceval lui obéit. Lorsqu'il fut assis, un page entra dans la salle. Il portait une lance ; de sa pointe tombaient des gouttes de sang.

Perceval entendit alors des gémissements et des pleurs si déchirants que son cœur se serra d'angoisse. Le page fit le tour de la salle, disparut et le silence retomba. A cet instant, une petite porte verte s'ouvrit et deux jeunes filles entrèrent ; elles tenaient à la main des chandeliers dorés. Six autres jeunes filles les suivaient ; elles s'avancèrent vers le roi et placèrent devant lui une petite table sur laquelle elles posèrent un plateau de couleur foncée, incrusté de pierres précieuses et avec des pieds en argent.

Perceval ne savait qu'en penser. Il regarda le roi d'un air interrogatif mais celui-ci se taisait, son visage demeurait triste et il n'avait absolument pas bougé. La reine pénétra dans la salle, elle tenait une coupe étincelante, de la taille d'une assiette et incrustée d'émeraudes ; elle la posa sur la table et se retira vers le mur où se tenaient ses dames de compagnie. C'est alors qu'entrèrent les chevaliers ; pas un seul d'entre eux ne parla, ils s'installèrent à de longues tables. Puis un valet apporta un plat en or rempli d'eau et le roi s'y lava les mains ; il fit signe à Perceval de l'imiter. Le valet déplia des serviettes blanches devant le roi et y déposa quelques morceaux de pain blanc. Les tables se recouvrirent alors des plats les plus délicats, sur les plateaux s'amoncelèrent toutes sortes de viandes et de fruits, le vin blanc scintillait à la lumière. Chaque table était servie par quatre pages. Perceval se dit qu'il n'avait jamais mangé ni bu des mets aussi raffinés.

Il voulut demander à plusieurs reprises ce que signifiaient ces merveilles. Mais la tristesse générale et le silence qui régnaient sur ce somptueux festin l'intriguaient. Entouré par tant de nobles dames et de chevaliers, il eut peur de passer pour un ignorant et préféra se taire.

Lorsque le repas fut terminé, un page apporta une large épée dont la poignée portait un rubis et la tendit au roi. Le roi donna l'épée à Perceval :

« Reçois cette épée en cadeau. Elle m'a maintes fois aidé au combat. Qu'elle puisse en tes mains guérir les blessures que j'ai reçues ! »

Perceval ne comprit pas ces étranges paroles mais il remercia le roi et prit l'épée. Il ne posa pas la moindre question. Le roi s'étendit, la reine prit la coupe étincelante et sortit. Le roi qui avait l'air très fatigué fit un signe de tête à Perceval et lui dit :

« Ton lit est prêt, bonne nuit ! »

Perceval le salua et se retira dans sa chambre. Il fit des cauchemars : il se trouvait dans une terrible bataille, les épées et les lances se brisaient, les boucliers volaient en éclats. Il se réveilla en hurlant et aperçut par les fenêtres les lueurs de l'aube. Il remarqua sur le parquet deux épées : la sienne et celle qu'il avait reçue des mains du roi. Il appela le page pour qu'il l'aide à se vêtir mais personne ne répondit, un profond silence régnait. Il s'habilla en toute hâte, prit ses épées et quitta la chambre. Tout était désert, le château était abandonné. Perceval se dit :

« Ils sont certainement tous en train de se battre. Cette bataille, cette nuit, n'était pas un rêve. Il est grand temps de voler à leur secours. »

Il se précipita dans la cour et monta sur son cheval. Il franchit le pont-levis, la porte se referma lourdement derrière lui et le pont se releva. Tout était silencieux, pas la moindre feuille ne frissonnait dans les arbres ; il n'y avait aucune trace de bataille. Perceval galopa ventre à terre vers le petit lac, espérant y rencontrer le pêcheur, mais la berge était déserte. Il réfléchit puis décida de rentrer chez lui.

Lorsqu'il parvint dans sa ville natale, une bien triste nouvelle l'attendait : sa mère était morte de chagrin.

Il revint très malheureux chez le roi Arthur à qui il conta son aventure. Le roi l'écouta attentivement puis bondit tout à coup en s'écriant :

« Quel malheur, quel grand malheur ! Le roi que tu as rencontré était le roi Amfortas, le gardien du saint Graal et le pêcheur était son fils, Pellès. Tu as vu de tes propres yeux le Graal, la coupe sainte qui fait des miracles ! Ce château s'appelle Monsalvat ; de nombreux chevaliers l'ont cherché mais nul ne l'a trouvé. Tu es le premier à en avoir franchi la porte. »

« Mais pourquoi Amfortas était-il si triste ?» demanda Perceval. « Pourquoi a-t-il disparu sans rien dire ? »

« Amfortas est tombé malade à la suite d'une grave blessure que lui a infligée le magicien Klingsor. Sa blessure ne guérira que lorsqu'elle sera touchée par une lance sainte ou par une épée tenue par un homme pur. Sais-tu seulement ce que signifie Perceval, ton nom ? Personne ne t'a expliqué que ce nom arabe veut dire dans notre langue homme pur ? Pur et insensé ? »

Perceval était tout abasourdi par les propos du roi Arthur. Il se tut un long moment puis demanda :

« Pourquoi Amfortas ne m'a-t-il pas expliqué tout cela ? »

«Tu as vu dans son château bien des choses surprenantes», lui répondit le roi. « Tous s'attendaient à ce que tu les interroges mais tu n'as rien dit. C'était une épreuve. Tu ne l'as pas surmontée, c'est pourquoi tu as dû quitter le château. Et maintenant, il ne reste plus qu'à chercher encore et encore le Graal. »

Le roi Arthur arma Perceval chevalier et tous partirent à la recherche du saint Graal.

MÉLUSINE

Il était une fois un jeune noble, le seigneur de Lusignan, qui vivait dans le pays rhénan. Il n'était pas très riche et habitait un modeste château. Il vivait en bonne harmonie avec ses voisins, respecté par tous pour sa droiture et son honnêteté.

Il avait une grande passion : la chasse. De temps en temps il allait chasser en montagne ou bien dans les forêts et ramenait des chevreuils, des sangliers et parfois des rapaces.

Un jour, il chassait dans une petite vallée. Entre les versants de la montagne scintillaient les eaux bleu-vert d'un petit lac dissimulé par des joncs et le feuillage des arbres. Il s'arrêta pour contempler ce paysage calme et isolé. Soudain il aperçut au bord du lac une jeune fille ; elle était assise dans l'herbe et brossait ses longs cheveux au-dessus de l'eau. Sa chevelure brillait au soleil et était noire comme l'ébène. Elle était si belle que Lusignan resta interdit. Il la contempla longtemps, sans un geste, craignant de la déranger. Il finit pourtant par se décider à l'aborder et sortit de sa cachette. Mais à peine avait-il fait quelques pas que la jeune fille se retourna, l'aperçut et s'enfuit dans les fourrés. Le chasseur voulut la retrouver mais sans succès, elle avait disparu.

Triste et malheureux, il s'en revint à son château et ne put dormir. L'image de la belle jeune fille assise au bord du lac le hantait. Il décida alors de revenir près du lac et de la retrouver. Le lendemain, au petit jour, il partit pour la montagne par le plus court chemin.

Il s'arrêta dans un taillis près du lac : la jeune fille était assise non loin de là. Il se faufila silencieusement entre les buissons à pas feutrés pour ne pas l'effrayer par le bruissement de l'herbe. Elle n'était plus qu'à quelques pas de lui ; il rassembla tout son courage et s'approcha. La jeune fille se releva rapidement, prête à fuir, mais le jeune noble avait saisi sa main et l'empêchait de partir. Elle avait peur et tremblait de tout son corps. Le jeune Lusignan lui sourit et lui dit d'une voix calme et douce :

« N'aie pas peur ! Je ne te veux aucun mal. Dis-moi ton nom et ce que tu fais dans un endroit aussi isolé. Mais quelle importance ton nom et le reste ! Tu es si belle, je voudrais que tu partages ma vie. Viens avec moi et épouse-moi. Je ne pourrais plus jamais être heureux sans toi ! »

« On m'appelle Mélusine », répondit la jeune fille, « et je suis très heureuse de te plaire. Mais je t'en supplie, sois patient, donne-moi le temps de réfléchir à ta proposition. Reviens dans trois jours et je te dirai ce que j'ai décidé. »

Lusignan lui lâcha la main, elle plongea dans le lac et l'eau se referma sur elle. Il ne resta bientôt que quelques ronds de plus en plus larges à la surface de l'eau.

Au troisième jour, le jeune seigneur revint près du lac. A peine s'était-il montré entre les arbres que la jeune fille aux longs cheveux d'ébène sortit des buissons. Elle accourut vers lui et lui dit, rayonnante :

« Seigneur, j'accepte ta proposition. Je te suivrai et deviendrai ton épouse mais à une seule condition : tu ne dois jamais me voir le samedi. Ce jour-là, je reprends ma véritable apparence. N'oublie jamais ; si tu venais à trahir ta promesse, nous ne nous reverrions jamais. »

Lusignan lui jura de tenir cette promesse et conduisit la jeune fille dans son château. Ils se marièrent quelque temps plus tard.

Les jeunes époux vivaient très heureux et eurent plusieurs enfants. Lusignan respectait sa promesse. Jamais il ne questionnait Mélusine sur son secret. Chaque samedi, Mélusine s'enfermait à double tour dans sa chambre. Elle tirait les rideaux et demeurait enfermée et seule jusqu'à minuit. Elle se cachait aux yeux du monde, car ce jour-là elle se transformait en une fort étrange créature, moitié femme, moitié serpent.

Le temps passait. Lusignan était de plus en plus tourmenté par cette étrange promesse. Il résista longtemps à la tentation, mais un beau jour sa curiosité fut la plus forte.

Un samedi, alors que sa jeune épouse s'était enfermée dans sa chambre, il s'approcha de la porte sur la pointe des pieds et se pencha pour regarder par le trou de la serrure. Mais quelle ne fut pas sa surprise ! Sa femme semblait être la même, elle était toujours aussi belle. Mais ses jambes avaient fait place à un corps de serpent ! Elle était assise sur une chaise au milieu de la pièce, le regard perdu dans le vide. Soudain elle tourna la tête comme si elle avait deviné qu'on l'observait. Sur son visage était gravée une expression de souffrance et de tristesse. Elle éclata en sanglots et son image s'évanouit lentement dans la pièce pour disparaître complètement.

Lusignan poussa un cri et enfonça la porte. La pièce était vide. Il demanda pardon à sa femme mais seul le silence lui répondit. Il fouilla alors toutes les pièces, tous les couloirs et les recoins du château mais c'était peine perdue.

Il alla chercher de l'aide chez les seigneurs du voisinage et organisa une battue dans la contrée. Ils fouillèrent chaque fourré, chaque grotte, chaque caverne dans les rochers, chaque trou d'eau mais ne retrouvèrent pas la belle châtelaine.

Et pourtant Mélusine se montre parfois. Elle apparaît près du lit de ses enfants ; son image est diffuse comme un nuage de brume. Elle leur brosse les cheveux, les câline, les serre contre sa poitrine. Son visage est empreint de tristesse. Lorsque son malheureux époux lui adresse la parole, elle le regarde longuement, tristement, et son image s'évanouit. Et il s'écoule beaucoup de temps avant qu'elle n'apparaisse de nouveau.

Tout le monde connaît la triste histoire de la jeune femme du lac. Et lorsque pendant les nuits d'hiver le vent vient battre les fenêtres ou se lamente dans la cheminée, on dit :

« C'est Mélusine qui cherche ses enfants . . . »

LE ROI ARTHUR

Il y a fort longtemps, le conseiller du roi, Vortigern, s'était emparé du pouvoir en Angleterre. Il était très cruel. Il fit verser beaucoup de sang pendant son règne. Il opprimait aussi bien les nobles que les pauvres. Pour écraser les révoltes, il n'hésitait pas à faire appel aux plus mortels ennemis de son pays. Il alla même jusqu'à offrir sa fille à leur chef. Mais les grands seigneurs ne se soumirent pas et continuèrent à se rebeller ; Vortigern prit peur. Il décida de construire un solide château fort dont personne ne pourrait le déloger.

Mais il se passait de bien étranges choses ! Tout ce qui avait été construit dans la journée s'écroulait pendant la nuit. Là où s'élevaient la veille des murs et des remparts, Vortigern ne retrouvait chaque matin que des ruines.

Il rassembla ses conseillers ainsi que les anciens qui trouvaient la clé de bien des mystères dans les étoiles. Ils tinrent longtemps conseil puis comparurent devant leur seigneur et lui déclarèrent :

« Seigneur, tu dois trouver un garçon dont le père n'est pas un mortel. En mélangeant son sang à du mortier, tu conjureras le mauvais sort et ton château sera indestructible.»

Le roi expédia aussitôt ses messagers par tout le royaume. Ils fouillèrent le pays de fond en comble sans aucun résultat jusqu'au jour où ils entendirent parler à Carduel d'un étrange jeune garçon. On racontait qu'il avait pour mère une fille de la campagne et pour père un démon invisible. Le curé avait exorcisé l'esprit impur du nouveau-né mais l'enfant avait conservé des pouvoirs surnaturels. Sa mère était morte en le mettant au monde et le garçon se retrouva sans famille. Un ermite eut pitié de lui, il l'adopta et l'appela Merlin. Il se chargea de l'élever. Alors qu'il n'était qu'un enfant, Merlin faisait des prouesses : il pouvait changer d'apparence, de vêtement et de visage ; il pouvait voler d'un lieu à un autre comme un oiseau, il prédisait aussi l'avenir. Mais jamais il n'utilisait à mauvais escient ses dons car l'ermite lui avait enseigné la sagesse et la droiture.

Les envoyés du roi n'eurent pas de mal à découvrir la cabane de l'ermite. Ils s'y précipitèrent, s'emparèrent de Merlin qu'ils conduisirent à leur seigneur. Le roi convia le jeune garçon à sa table mais, dès qu'il eut achevé son repas, Merlin le regarda dans les yeux et lui dit d'un ton très calme :

« Je sais que tu ne m'as pas fait venir pour me recevoir ainsi. Tu veux me tuer, voilà ta véritable raison. De très mauvais conseillers t'ont persuadé de mélanger mon sang avec du mortier, pour rendre ton château indestructible. Ne les crois pas ! Lorsque tu comprendras qu'ils t'ont raconté des balivernes, il sera trop tard. »

Le roi fut tellement impressionné qu'il resta sans voix, ne sachant que répondre au jeune garçon.

« Interroge une nouvelle fois tes conseillers », dit Merlin en riant, « mais dis-leur de te donner de meilleurs conseils cette fois ! »

Le roi fit appeler ses conseillers et leur demanda ce qu'il devait faire pour empêcher son château de s'écrouler. Merlin les observa quelques instants ; ils étaient tous très gênés et ne savaient que répondre. Le jeune garçon déclara alors à haute voix :

« Sous les fondations du château, il y a un petit lac souterrain. Voilà pourquoi tes murs s'effondrent. Fais creuser un trou et tu t'en rendras compte toi-même. »

Vortigern l'écouta et fit creuser un gigantesque trou entre les murs éboulés. Peu de temps après ils découvrirent un lac.

« Qu'allez-vous faire maintenant ? » demanda Merlin.

« Maintenant, c'est simple ! » répondirent les conseillers. «Nous allons assécher ce petit lac et reprendre les travaux.»

Le garçon secoua la tête.

« Ce n'est pas tout. Sous le lac se cachent deux dragons qui détruisent tous les murs.»

Ils asséchèrent le lac et découvrirent deux grottes. Deux dragons en sortirent, l'un blanc et l'autre rouge. Ils se ruèrent férocement l'un sur l'autre. De leurs gueules jaillissaient des flammes. Ils se livraient un combat sans merci en se griffant et en se mordant. Le dragon rouge semblait abandonner ; Merlin plaça sa main devant sa bouche et murmura quelque chose à voix basse.

Le dragon sembla lui obéir, il se ressaisit et reprit la lutte. Il faisait de plus en plus sombre, la nuit tombait mais le combat acharné n'en finissait pas. Vers minuit, le dragon blanc laissa enfin paraître des signes de fatigue. Le dragon rouge revenait de plus en plus fort à l'attaque ; tout à coup, ils disparurent tous les deux. On entendit encore au loin quelques mugissements féroces puis le silence se fit.

Vortigern était livide ; il se tourna vers Merlin : « Toi qui sais tout, dis-moi ce que cela signifie. »

« Cela signifie que tu n'échapperas pas

à ton châtiment. Au début, ton dragon blanc avait le dessus mais le rouge s'est repris et il l'a chassé. En ce moment, en Petite Bretagne une grande troupe d'hommes armés embarque, conduite par Aurelius Ambrosius et Uter, les frères du roi Moines. Te souviens-tu du roi Moines que tu as lâchement assassiné ? Ils vont débarquer et te tueront. »

« Mais entre-temps mon château fort sera construit et personne ne m'en délogera ! »

Merlin lui dit non de la tête.

« Le château dans lequel tu te réfugieras sera réduit en cendres ! »

Et tout ce qu'il avait prédit se réalisa. Les Bretons vainquirent Vortigern et Aurelius Ambrosius monta sur le trône. Il régnait depuis peu lorsqu'un jeune garçon se présenta à lui. Personne ne savait d'où il venait ni par quel tour de magie il s'était introduit dans la pièce.

« Je suis Merlin », dit le garçon, « et je peux te donner un bon conseil. Tu viens de gagner une bataille mais ce n'est pas pour autant la fin de la guerre ; tu dois encore combattre tous les amis de Vortigern et ce ne sera pas facile. Ne te décourage pas avant d'y être parvenu. Si tu laisses tes ennemis en paix, tu mourras. »

Mais Aurelius Ambrosius oublia rapidement les conseils de Merlin. Chacune de ses victoires le grisait. L'un de ses ennemis se déguisa en Breton, versa un poison violent dans sa carafe et le roi victorieux sombra dans un sommeil mortel.

Cette nuit-là, une étoile très lumineuse apparut dans le ciel, elle traînait dans son sillage une longue flamme brillante qui ressemblait au feu que crache le dragon. Tout le monde la suivait des yeux avec inquiétude et se demandait ce que cela voulait dire. Uter observa également l'étoile brillante.

Merlin se dressa tout à coup devant lui et lui dit :

« Seigneur, ton frère vient de mourir. Tu dois monter sur le trône. Sois un bon roi, ne fuis pas devant l'ennemi lorsqu'il reparaîtra. Tu le vaincras mais au prix de ta vie. Tu suis cette étoile des yeux en te demandant ce qu'elle présage. Je vais te le dire. La flamme qui sort de la gueule du dragon veut dire que tu vas avoir un fils. Ce sera le roi le plus célèbre de notre pays et, sous son règne, le royaume sera puissant et fort. »

En souvenir de cette discussion, Uter prit pour emblème le dragon, on l'appela d'ailleurs plus tard Pendragon, c'est-à-dire Tête de Dragon. Il régna avec justice et assujétit tous les grands seigneurs. Seul le duc de Tintagell continua à se révolter. Uter dut le tuer. Il épousa ensuite Ygerne, la femme du duc de Tintagell, et elle régna à ses côtés.

Pour la première fois, Merlin demanda à être récompensé. Il annonça au roi et à la reine que lorsqu'un fils naîtrait, il l'emmènerait loin du château royal et se chargerait de son éducation. Et, en effet, lorsque Ygerne mit au monde un garçon, Merlin l'emporta aussitôt.

Il emmaillotta le bébé dans une couverture pailletée d'or et se rendit en Petite Bretagne, à la cour du seigneur Antor. Antor avait un jeune fils qui s'appelait Keu. Les deux garçons grandirent ensemble comme des frères et devinrent les meilleurs amis du monde.

Puis Uter tomba gravement malade. Pendant ce temps, une armée étrangère envahit le nord du pays et marcha sur la capitale.

Alors qu'elle se préparait à attaquer la ville, Merlin alla voir le roi malade, il lui donna un breuvage magique et l'aida à revêtir sa cotte dorée et son casque à panache. A la tête de ses soldats, Uter se lança sur l'envahisseur et se battit si vaillamment qu'il mit l'ennemi en déroute. Mais après la bataille, l'effet du breuvage s'estompa et c'est un bien faible vainqueur que l'on ramena au palais. Trois jours plus tard, le roi Tête de Dragon mourut. Avec ses pouvoirs de magicien, Merlin fit venir d'Irlande des pierres blanches pour lui dresser un magnifique tombeau.

Il fallait élire un nouveau roi. Tous les grands seigneurs convoitaient le trône. Pendant quinze longues années, le pays fut agité par de violentes querelles et de nombreux châteaux brûlèrent. Voyant combien son pays souffrait, Merlin proposa aux grands seigneurs de les départager : le plus fort d'entre eux accéderait au trône. Tous les barons et les ducs du royaume étaient prêts à concourir, chacun espérant l'emporter.

La veille de Noël, les grands seigneurs se réunirent dans la cathédrale de Logres* pour assister à une messe célébrée en l'honneur du futur souverain. Lorsqu'ils sortirent, ils aperçurent sur le parvis en face des portes de la cathédrale une immense pierre carrée dans laquelle était enfoncée jusqu'à la garde une grande épée. Sur la pierre était écrit en lettres d'or :

« Ceci est Escalibor, trésor le plus précieux du futur roi. Celui qui parviendra à retirer l'épée de la pierre sera le roi légitime de toute la Bretagne Bleue**. »

Les grands seigneurs essayèrent aussitôt

* **Logres** — *l'actuelle Londres*
** **Bretagne Bleue** — *l'actuelle Angleterre*

mais aucun n'y parvint. L'épée n'avait pas bougé. Merlin savait parfaitement que l'élu n'était pas encore arrivé ; il proposa alors d'organiser un grand tournoi à l'occasion du Nouvel An pour lui permettre d'arriver. Tous acceptèrent avec enthousiasme sa proposition.

Le seigneur Antor et ses deux garçons vinrent à Logres pour participer au tournoi. Keu avait été récemment armé chevalier. Arthur, le fils d'Uter, avait quinze ans et, selon les coutumes, servait de page à Keu ; il s'occupait de sa lance, de son épée et de son bouclier.

Keu s'inscrivit au tournoi mais juste avant le début de la joute il s'aperçut qu'il avait oublié son épée. Il demanda à son page, Arthur, de lui en trouver une le plus rapidement possible. Mais tout le monde refusa de prêter une épée à un jeune garçon de quinze ans. Arthur remarqua alors l'épée brillante enfoncée dans la pierre sur le parvis de la cathédrale, il la retira sans le moindre effort et la donna à Keu.

Il n'était naturellement plus question de tournoi. Tout le monde accourut pour voir ce prodige. Le page enfonça de nouveau l'épée dans la pierre. Les barons et les ducs essayèrent de la retirer mais en vain. Seul le jeune garçon y parvenait et sans le moindre effort.

C'est ainsi qu'Arthur devint roi et Merlin premier conseiller. Une vie prestigieuse et aventureuse les attendait tous deux.

LLUD

Le roi Beli le Grand avait quatre fils. A sa mort, l'aîné, Llud, avait hérité de la couronne royale. Il se montra pendant son règne en Bretagne Bleue (l'actuelle Angleterre) juste et bon ; c'est pourquoi on le surnomma : le Généreux. Il avait repoussé bien des ennemis et édifié les remparts d'une grande cité, qui reçut le nom de Caer Llud, et plus tard celui de Londres.

De ses trois frères, Llud préférait Llevelys pour sa sagesse et ses connaissances en magie et en sorcellerie. Alors que Llud régnait dans son royaume, le roi de France vint à mourir en laissant pour unique héritière du trône sa fille. Llud proposa à son frère d'épouser la jeune princesse ; ainsi, en cas de guerre, les deux royaumes pourraient s'unir et résister ensemble à l'ennemi. La princesse était très belle et Llevelys accepta avec joie. Il demanda la main de la jeune fille et l'épousa, puis ils régnèrent tous les deux sur la France.

C'est alors que le royaume de Llud fut touché par trois grandes calamités contre lesquelles tout le monde était impuissant. Tout d'abord, un vol de méchants démons venus de pays lointains s'abattit sur le royaume. Ils envahirent le pays qu'ils accablèrent ; ils détruisaient le blé et changeaient l'argent en champignons vénéneux. Les gens étaient sans défense car les démons étaient invisibles et pouvaient écouter tout ce qui se disait. Ainsi, ils savaient toujours à l'avance ce que le roi voulait entreprendre contre eux et ils déjouaient tous ses pièges. Ils étaient invulnérables et insaisissables.

Mais la seconde calamité était tout aussi terrible. Chaque année, au printemps, un bruit étrange venant du ciel faisait trembler tout le pays. On aurait dit que des créatures inconnues se battaient dans les airs. Ce vacarme était si terrifiant qu'il glaçait le sang, faisait mourir les oiseaux et tarissait les rivières ; le pays se changeait peu à peu en un triste et sinistre désert.

C'est alors que s'abattit la troisième calamité : les provisions de nourriture se mirent à disparaître.

Le roi Llud les avait fait entasser dans ses caves pour les jours de disette. Pendant la nuit, des montagnes de viande et de blé disparaissaient comme par enchantement. Le matin, les caves étaient vides. La famine ne tarda pas à menacer le pays.

Le roi Llud ne savait plus que faire contre ces fléaux. Lorsque son peuple eut faim, il décida de rendre visite à son frère Llevelys le Sage pour lui demander de l'aide. Il envoya en France des messagers puis embarqua sur un de ses navires et rejoignit les côtes françaises. Llevelys était venu à sa rencontre, il monta sur le navire de son frère.

Llud embrassa Llevelys, il lui exposa ensuite les raisons de son voyage et lui demanda conseil. Llevelys réfléchit et répondit : « Cher frère, si ces démons sont invisibles, ils peuvent très bien se trouver à bord de ton bateau. Ils entendront chacune de nos paroles et sauront à l'avance comment tu veux les combattre. Il ne faut donc pas qu'on nous entende. »

Il ordonna aux marins de fabriquer aussitôt un long tube en cuivre grâce auquel les deux frères pourraient se parler sans être entendus. Leurs craintes se révélèrent exactes ; les démons s'étaient effectivement

cachés dans le navire et l'un d'eux s'était même glissé dans le tube où il écoutait attentivement leur conversation. Il essaya même de brouiller les deux frères. Lorsque Llud disait «mon cher frère», Llevelys entendait «pauvre d'esprit». Les deux frères étaient sur le point de se fâcher et de se séparer en mauvais termes quand Llevelys comprit ce qui s'était passé. Il fit asperger le tube de vin et le démon s'enfuit. Les deux frères purent enfin discuter à leur aise sans être dérangés.

« Rassure-toi », dit Llevelys à voix basse dans le tube en cuivre, « je sais comment te débarrasser des démons. Je te donnerai des vers empoisonnés que tu écraseras dans l'eau, tu en aspergeras ensuite les démons et ils mourront tous. Mais il faudra trouver un bon prétexte pour les attirer et être sûr que pas un ne manque. »

« Et pour la deuxième calamité ? Nous ne savons même pas qui hurle ainsi dans le ciel ! »

Au bout d'un instant de réflexion, Llevelys répondit :

« Ce sont deux dragons qui font ce bruit. L'un d'entre eux vit en Bretagne Bleue et chaque année, au début du mois de mai, il

doit affronter un dragon étranger qui vient du nord et le provoque en duel. Ordonne à tes gens de placer au milieu de ton royaume une cuve remplie d'hydromel. Lorsque les dragons seront fatigués de se battre, ils se poseront au sol pour se reposer. Ils boiront de l'hydromel et s'endormiront profondément. Tu les feras alors enterrer dans les montagnes et jamais plus ils ne viendront tourmenter ton peuple. »

« Il reste encore le troisième fléau. Qui peut donc nous voler nos provisions dans les caves ? »

« C'est le sorcier géant », répondit Llevelys. « Cache-toi dans la cave près des provisions, armé de ton épée, et guette son arrivée. Cependant méfie-toi, ses chansons sont envoûtantes, elles endorment ceux qui les écoutent. Il te faudra garder près de toi un pichet d'eau fraîche ; dès que tu sentiras tes paupières se fermer, asperge-toi le visage, le front et les yeux. Tu viendras alors vite à bout du géant ! »

Llud embrassa Llevelys et s'en revint dans son royaume.

Avec les vers empoisonnés que son frère lui avait donnés, Llud prépara un élixir et le conserva soigneusement. Puis il fit appeler toute la population et déclara bien haut qu'il avait décidé de débarrasser le pays des méchants démons. Les démons étaient venus et écoutaient son discours. Llud descendit parmi la foule et répandit l'élixir autour de lui. L'eau était inoffensive pour ses sujets mais lorsqu'elle atteignait un démon, il s'écroulait sur-le-champ en criant de douleur et mourait. C'est ainsi que le pays fut débarrassé du premier fléau.

Llud savait comment venir à bout de la deuxième calamité. Il ordonna de mesurer le royaume et de creuser en son centre une grande fosse : on constata que la ville de Rhyd Yche, l'actuel Oxford, se trouvait au milieu du pays. On creusa une grande fosse dans laquelle on installa une cuve. Llud fit remplir l'immense cuve d'hydromel et prépara un grand carré de brocard. Il se cacha non loin de là et attendit. Un peu plus tard, deux dragons apparurent dans les airs, ils poussaient de terribles rugissements. Ils se lacéraient avec leurs griffes et se mordaient sauvagement. Ils se battirent si longtemps qu'ils tombèrent, écrasés de fatigue, juste à l'endroit où était dissimulée la cuve. Ils avalèrent quelques gorgées d'hydromel et s'endormirent d'un profond sommeil. Lorsqu'ils furent assoupis, le roi sortit de sa cachette, recouvrit la cuve du morceau de brocard dont il noua soigneusement les extrémités. Puis il fit transporter la cuve par bateau jusqu'au Pays de Galles, où il enterra les deux dragons assoupis dans les monts Neigeux. Le pays était débarrassé à tout jamais des dragons.

Mais il restait encore une calamité, la troisième.

Llud prépara dans la cave à provisions une cruche d'eau glacée et se cacha dans l'ombre. Il ne tarda pas à entendre au loin une étrange chanson et il sentit peu à peu le sommeil l'envahir. Il s'aspergea vite d'eau froide pour rester éveillé et dut répéter par trois fois ce geste. Le sorcier géant entra alors dans la cave, il tenait à la main un panier magique dans lequel il entassait viande, blé et tonneaux comme si le panier n'avait pas de fond.

Llud brandit son épée et se jeta sur l'intrus. Le géant tomba à genoux et lui demanda pitié d'une voix plaintive.

« Seigneur, épargne-moi ! Si tu me laisses la vie sauve, je te servirai fidèlement jusqu'à ma mort. Et crois-moi, tu n'auras jamais rien à me reprocher ! »

Llud le toucha de son épée et ordonna au géant de lui jurer fidélité. Le sorcier jura de ne pas trahir le roi. Jamais il n'eut de plus fidèle et de plus honnête serviteur.

C'est ainsi que Llud débarrassa son pays des trois fléaux. Il gouverna encore de longues années et ses sujets le respectèrent pour sa sagesse et sa générosité.

LE FILS DU ROI CONN

Le grand roi Conn a longtemps régné sur les terres d'Irlande, il siégeait avec ses fidèles dans le château de Tara. Conn était un souverain sage et puissant, il faisait régner la justice sur son île verdoyante. Il ne craignait aucun grand seigneur irlandais. Quand il se fit vieux, il transmit la couronne à ses fils et ceux-ci régnèrent selon ses sages préceptes.

Cependant le royaume n'avait pas toujours connu la paix et la tranquillité : il avait été attaqué par de nombreux ennemis et Conn avait dû défendre son pays. Il avait coutume de sortir chaque matin de son château avant le lever du soleil. Accompagné par ses proches, par les poètes et les magiciens de sa cour, il faisait soigneusement le tour de son palais pour s'assurer que tout était en ordre.

Un jour qu'il faisait sa ronde matinale comme tant d'autres matins, il fut surpris par un brusque brouillard : il était si épais qu'on ne voyait rien à un pas. Le roi et sa suite décidèrent de revenir sur les remparts : ils entendirent alors au loin dans la brume les sabots d'un cheval. Ils s'arrêtèrent et attendirent en silence. Le cavalier tirait à la fronde, et les petits cailloux qu'il lançait se rapprochaient dangereusement du roi et de sa suite.

Lorsqu'il tira pour la troisième fois, la pierre tomba à quelques pas du roi : un de ses conseillers se redressa sur ses étriers et s'écria dans le brouillard :

« Cesse de tirer ou tu vas tuer notre roi ! »

L'inconnu cessa de tirer ; il semblait avoir lancé son cheval au galop. Il se rapprocha et soudain se dressa juste devant le roi, tel une apparition. Il s'inclina devant Conn et lui dit :

« Seigneur, je suis venu t'inviter dans mon château ; il n'est pas loin d'ici. N'aie crainte, je t'accompagne. »

Le roi était fort étonné, il n'avait jamais entendu parler d'un château dans les environs. Mais il ne déclina pas l'invitation de l'inconnu et fit signe à ses compagnons de le suivre. Un peu plus loin, le brouillard se dissipa soudain devant eux et les cavaliers aperçurent à leur plus grande surprise un imposant château. Devant les portes s'élevait un arbre tout en or dont les feuilles scintillaient au soleil. Ils pénétrèrent dans la cour puis le cavalier inconnu les invita à entrer dans une grande salle. Au milieu de cette salle se tenait une belle jeune fille aux

longs cheveux dorés : devant elle, sur une petite table, se trouvait une carafe en argent avec des cercles d'or. La carafe était remplie d'un liquide aussi rouge que le plus pur des rubis. Près de la carafe étaient posées une louche et une coupe, toutes deux en or.

Au fond de la salle, un vieillard inconnu était assis sur un trône en or. Il salua Conn et sa suite et leur dit : « Je m'appelle Lugh. Je t'ai invité pour t'apprendre combien de temps durera ton règne et celui de tes fils. Désires-tu le savoir ? »

Conn acquiesça d'un signe de la tête et le vieillard regarda la jeune fille aux cheveux dorés. Elle versa lentement le liquide rouge de la carafe dans la coupe et le vieil homme commença à énumérer d'une voix calme les noms des rois qui régneraient sur l'Irlande après Conn. C'était une longue liste, si longue que le roi n'arrivait pas à retenir tous ces noms. Il fit un signe à Cesarn, un poète de la cour, qui inscrivit le plus rapidement possible les noms sur des tablettes de chêne qui mesuraient vingt-quatre pieds de long et huit pieds de large.

Le vieillard acheva sa liste et Conn, intrigué, attendit la suite des événements. Tout à coup, les murs s'effacèrent, le château disparut ainsi que Lugh et la jeune fille aux cheveux dorés. Conn et ses fidèles se retrouvèrent dans une vaste prairie verdoyante. Il ne restait que la petite table, la carafe et la coupe. Sur l'herbe, à quelques pas, il y avait quatre tablettes de chêne avec les noms des rois.

Quelque temps après cette étrange aventure, le roi Conn se promenait sur la verte colline Uisnech où résident les Sidhy, les bons esprits de la terre. Conlach, son fils benjamin qu'il adorait, l'accompagnait. Lorsqu'ils eurent atteint le sommet, une belle fée s'approcha d'eux. Mais seul Conlach l'aperçut.

« Je te salue, rayon de soleil ! » dit la fée. « Je te salue aussi », répondit Conlach. « Que désires-tu ? »

Le roi Conn regarda partout autour de lui mais ne vit personne. Il demanda très étonné à son fils :

« Avec qui parles-tu donc, mon fils ? Il n'y a personne ici ! »

« Il parle avec une belle femme », répondit la fée. « Il parle avec une femme qui restera éternellement jeune et jamais ne mourra. J'aime ton fils, Roi. Je veux qu'il m'accompagne dans le pays des bienheureux où règne le roi Buadach. Là-bas, il n'existe ni douleur ni misère, ni souffrance ni mort : il y règne le bonheur éternel ! »

Elle se tourna vers Conlach :

« Viens avec moi, ami et seigneur ! Si tu m'écoutes, tu seras jeune pour l'éternité. »

Cette fois Conn entendit les paroles de la fée et il eut peur, peur de perdre son fils tant aimé. Il ordonna à un de ses hommes qui connaissait la magie de faire disparaître cette créature invisible pour toujours. L'homme prononça des paroles magiques et la voix argentée disparut. Conlach chercha la fée des yeux mais elle s'était évanouie. Il

ne vit qu'une pomme qui roula à ses pieds ; il la ramassa et y mordit mais le fruit resta intact : pas un seul morceau ne manquait.

Dès lors, le fils du roi ne cessa de penser à la belle fée et son désir de la revoir grandissait. Un mois passa, Conlach alla trouver son père et lui demanda de l'accompagner sur la colline Uisnech. Le roi pensa qu'il pourrait peut-être sauver ainsi son fils et il accepta.

Quand ils eurent gravi la colline, Conlach aperçut la fée.

« Ami », lui dit-elle en souriant, « pourquoi restes-tu parmi les mortels ? Que savent-ils donc faire ? Ils souffrent, font souffrir leurs semblables, vieillissent lentement, rien de plus. Et au bout de cette rude vie, il n'y a que la mort qui les guette. Si tu me suis au pays du bonheur, tu n'y connaîtras que la joie. Je t'offre la vie éternelle, cela te semble-t-il peu de chose ? Viens avec moi, ne réfléchis pas plus longtemps ! »

Sur ces paroles, elle disparut. Le père et le fils rentrèrent au château sans échanger une parole. Conlach se mit à changer, il ne parlait plus, ne répondait plus aux questions qu'on lui posait, il errait solitaire dans les couloirs du château. Le roi fit surveiller son fils par deux gardes mais il parvint à échapper à leur vigilance. Il partit tout seul sur la colline verte. Il vit de loin briller un char en verre dans lequel se tenait la fée. Elle lui fit signe de monter et lui dit de sa voix argentine :

« Monte dans mon char en verre ! Nous allons partir pour le pays des bienheureux où le soleil ne cède jamais aux nuages et au brouillard. Il ne disparaît du ciel que lorsqu'il se couche à l'horizon, sur la mer bleue. »

Conlach n'hésita pas un instant, il sauta dans le char alors qu'apparaissait au pied de la colline le roi Conn entouré de ses fils et de ses conseillers. Tous se figèrent en suivant des yeux le char étincelant qui s'élevait dans les airs. Ils le virent traverser le ciel et disparaître au loin au-dessus de la mer. Conlach ne revint jamais.

Après le départ de son fils, Conn devint triste et taciturne ; il errait tout le jour et pensait sans cesse à son garçon tant aimé. Chaque matin, il sortait de son château comme autrefois mais il n'en faisait plus le tour. Il levait les yeux au ciel, espérant voir apparaître son fils. Et chaque jour, en rentrant dans son château, le roi était un peu plus triste.

A la mort de Conn, Art, son fils aîné, monta sur le trône d'Irlande, puis ce fut le tour de Cormac, le fils d'Art. Les fées de la colline enchantée aimaient bien Cormac, elles lui offrirent Mananran, la coupe de la vérité. Lorsque quelqu'un lui mentait, la coupe se brisait, mais dès que quelqu'un disait la vérité, les morceaux s'assemblaient et la coupe ne portait pas une seule marque. C'est ainsi que Cormac put discerner le vrai du faux et qu'il régna avec sagesse et équité.

Ses fils et ses petits-fils qui lui succédèrent régnèrent de la même façon.

Et Conlach ? Peut-être vit-il encore aujourd'hui au pays des bienheureux avec sa belle fée, toujours jeune et heureux même si son père est depuis longtemps devenu poussière quelque part sous l'herbe verte de la terre d'Irlande !

LE FILS DU DIEU SOLEIL

Lorsque le très puissant Eochaid régnait sur les terres d'Irlande depuis son château de Tara, le roi Conchobar, lui, régnait en Ulster. Un jour, il était attablé comme tant d'autres fois avec ses soldats et amis, ils buvaient gaiement de l'hydromel quand tout à coup le bleu du ciel disparut, masqué par une ombre gigantesque. Conchobar et sa suite s'approchèrent de la fenêtre pour voir ce qui se passait et le spectacle qu'ils découvrirent les glaça d'effroi.

Neuf groupes de vingt immenses oiseaux blancs tournoyaient au-dessus de la plaine. Ils s'abattirent dans les prairies et dans les champs et se mirent à arracher les épis de blé et les herbes des pâturages. En quelques minutes, ils parvinrent à tout saccager, il ne resta que des terres nues et desséchées comme si elles avaient été brûlées par le soleil.

Tous avaient les yeux fixés sur ce sinistre paysage. Conchobar fut le premier à reprendre ses esprits. Il saisit son épée et courut vers la porte. Ses hommes le suivirent, s'armèrent de leurs lances et de leurs arcs et se précipitèrent dans les écuries ; ils choisirent les chevaux les plus rapides qu'ils attelèrent à neuf chars. Puis ils sortirent du château et se lançèrent à la poursuite des oiseaux en leur décochant des flèches.

Les oiseaux survolèrent encore une fois paresseusement les champs puis se dirigèrent vers l'horizon. Conchobar et ses hommes s'aperçurent alors que les oiseaux volaient par couples, reliés les uns aux autres par un fil doré qui scintillait tant au soleil qu'il éblouissait les cavaliers.

Avant qu'ils n'aient eu le temps de réagir, les oiseaux s'étaient rapidement éloignés. Il n'en restait que trois qui semblaient indécis. Après un long moment d'hésitation, ils s'envolèrent vers le sud.

Dechtir, la sœur du roi, conduisait le char de Conchobar. Elle fouetta les chevaux et le char s'élança à la poursuite des oiseaux en soulevant derrière lui un immense nuage de poussière qui s'éleva jusqu'au soleil. Les huit autres chars suivirent Dechtir à vive allure.

Mais malgré tous leurs efforts, les oiseaux les distancèrent bientôt pour disparaître à l'horizon. Conchobar réalisa alors qu'ils étaient bien loin du château. Ils s'arrêtèrent pour observer les environs. Le soleil se couchait, la nuit approchait. L'endroit était désert.

Conchobar envoya deux éclaireurs ; ils ne découvrirent qu'une misérable petite cabane délabrée dans une vallée. Elle leur semblait indigne d'héberger le roi et sa suite pendant une nuit. Le roi Conchobar en décida cependant autrement :

« Allons voir cette cabane ; nous pourrons toujours dormir à la belle étoile ! »

Ils se dirigèrent vers la petite vallée et ne tardèrent pas à apercevoir une étrange cabane : les murs étaient en bois mais son toit était fait de plumes blanches et non de paille et de roseaux tressés.

Ils descendirent de leurs chars. Un homme s'avança vers eux, les pria d'excuser la pauvreté de son logis et les invita fort respectueusement à entrer. Conchobar et sa suite passèrent une porte basse mais une grande surprise les attendait ; ils croyaient pénétrer dans une petite pièce misérable et ils découvraient une grande salle dans laquelle étaient dressées de nombreuses tables. Le maître de maison leur proposa de dîner. Il leur servit du gibier, toutes sortes de viandes, de l'hydromel et des vins fins. C'était un dîner plus somptueux encore qu'à la cour du roi. Minuit allait sonner quand leur hôte s'avança vers Dechtir et lui dit :

« Noble Dame, dans la chambre voisine ma femme est en train de mettre au monde un nouveau sujet de notre roi. Suis-moi, je

t'en prie et aide-la dans ce moment difficile. »

Dechtir le suivit et fit tout ce qu'il lui demanda. A minuit sonnant, un petit garçon se mit à crier dans la chambre. Au même instant la jument qui appartenait au couple mit bas deux ravissants poulains dans une pauvre étable derrière la maisonnette.

Le lendemain matin, Conchobar fut réveillé par les rayons du soleil. Surpris, il regarda autour de lui : la clôture et les murs de la cabane avaient disparu ainsi que l'étable. Il n'y avait qu'un nouveau-né sur l'herbe, emmailloté dans une pelisse, et deux poulains qui galopaient autour de lui.

Dechtir n'avait jamais eu d'enfant. Elle

prit le bébé et lui sourit. Elle semblait très heureuse. Elle déclara qu'elle allait s'occuper du petit garçon comme de son propre enfant. Elle monta dans le char, déposa très délicatement le nourrisson dans les bras de Conchobar et fouetta les chevaux. Les chars repartirent.

Ils passèrent près d'un lac, le soleil se reflétait à sa surface. Un peu éblouie par les rayons du soleil, Dechtir cligna des yeux. A cet instant, il lui sembla que Lug en personne, le dieu du soleil, se tenait devant elle. Il portait un casque d'or sur la tête.

« Je te remercie, Dechtir », lui dit le dieu d'une voix reconnaissante. « C'est moi qui ai envoyé ces oiseaux blancs au château de

ton frère et c'est encore moi qui vous ai préparé cette cabane avec le toit en plumes. N'oublie jamais que c'est mon fils qui est né dans cette cabane aujourd'hui à minuit. Je l'appelle Sétana, mais d'ici peu, il recevra un autre nom qui le rendra célèbre. Élève-le, prends soin de lui. Dans peu de temps il deviendra le plus grand héros de l'Ulster. »

L'image du dieu s'effaça ; Dechtir ouvrit les yeux. Elle pensait avoir rêvé mais jamais cependant elle n'oublia le visage du dieu ni ses paroles.

Dès lors, elle s'efforça d'obéir aux ordres du dieu soleil. Elle s'occupa de Sétana comme de son propre fils ; il grandit rapidement. Il était devenu robuste, fort et agile. Quand il s'amusait avec ses camarades, il se montrait très courageux.

Un jour, le roi Conchobar l'emmena chez le forgeron Kulan qui était son parrain. Pendant que le roi discutait avec Kulan, Sétana s'amusait dans la cour. La nuit tomba, le roi et le forgeron avaient oublié le petit garçon. Kulan lâcha son énorme chien-loup pour qu'il monte la garde pendant la nuit. Le gros chien aperçut un enfant qu'il ne connaissait pas ; il montra les crocs et bondit vers lui. Mais Sétana avait eu le temps de saisir un bâton en bronze avec lequel il jouait un instant auparavant et il assomma d'un seul coup le chien qui roula à terre.

Le roi, le forgeron et d'autres personnes accoururent mais tout était déjà fini. Sétana raconta ce qui s'était passé et promit au forgeron de dresser un chien qui serait aussi bon gardien, sinon meilleur que son chien-loup. Le forgeron haussa les épaules mais un des hommes de la suite du roi lui dit :

« Laisse-le faire, qu'il tienne sa promesse ! S'il y parvient, il méritera le nom du plus valeureux guerrier d'Irlande. »

« Et quel est ce nom ? » demanda le roi.

« Il s'appellera alors le Chien de Kulan, c'est-à-dire Kukulin », répondit-il, « c'est ce qui est écrit dans les vieux livres. »

Le jeune garçon tint sa promesse. Quelque temps plus tard, il offrit au forgeron un chien qu'il avait dressé lui-même. Il était si bien dressé que Kulan en resta stupéfait.

Sétana, ou encore Kukulin, reçut du roi un bouclier en bronze, une lance et une épée. Conchobar lui permit de choisir un char. Il en essaya dix-sept avant de prendre celui qui lui convenait le mieux.

Et ce jour-là, il partit avec le roi et ses soldats pour sa première grande bataille au nom de l'Ulster.

C'était le jour de son anniversaire ; il avait tout juste sept ans.

FION

Il y avait autrefois en Irlande deux grandes familles : les Morn et les Baskin. Elles se haïssaient et se livraient une guerre sans merci ; les Morn et les Baskin s'étaient presque tous entretués. Sous le règne du célèbre roi Cormac, les Baskin avaient à leur tête le valeureux Cumhal. Les druides qui connaissaient l'avenir lui avaient fait un jour une bien étrange prédiction :

« Seigneur, il est écrit dans le livre du destin que tu périras dans une bataille au lendemain de tes noces. Tu ne pourras échapper à cet injuste sort qu'en renonçant à te marier. Si tu te maries, tu mourras, mais tu auras un fils qui te vengera et deviendra un célèbre capitaine. »

Cumhal ne se maria pas, il continua à lutter contre les Morn. Un jour, il y eut une très grande bataille près de Cnuch ; les Baskin furent écrasés et Cumhal, leur chef, mourut au cours du combat. Les Morn firent prisonniers quelques Baskin et traquèrent sans merci le reste de la famille.

De nombreux Baskin choisirent de fuir dans les forêts profondes ; ils y construisirent à la hâte des cabanes ou se réfugièrent dans des grottes pour échapper à la fureur des Morn. Bormall et Lia Luacha, deux sœurs de Cumhal, se cachèrent aussi dans les forêts. Elles connaissaient la triste prédiction des druides et elles savaient que leur frère avait voulu échapper à son destin. Aussi cette mort leur sembla-t-elle bien mystérieuse ; elles voulurent en percer le secret. Pour cela, elles se rendirent sur les lieux de la bataille pour tenter de découvrir ce qu'avait fait leur frère pendant les derniers jours de sa vie.

Au pied d'une colline, elles trouvèrent, abritée sous de majestueux chênes, une forge abandonnée. Dans cette forge se tenait une merveilleuse jeune femme avec une splendide et longue chevelure. Elles lui demandèrent si elle avait connu Cumhal, mais la jeune femme leur dit non de la tête, sans prononcer une parole. Les deux sœurs lui dirent alors qui elles étaient et lui expliquèrent qu'elles voulaient comprendre pourquoi leur frère était mort.

La jeune femme releva brusquement la tête et s'écria :

« Vous êtes les sœurs de Cumhal ? Je suis sa femme ! »

Elle leur raconta alors toute la vérité :

« Un jour, votre frère chassait dans la forêt quand il découvrit par hasard ma forge ; il s'y arrêta et revint souvent me voir par la suite ; il se montrait toujours aimable et courtois. La veille de cette bataille maudite, je suis devenue sa femme ; nous nous sommes mariés dans le plus grand secret, espérant ainsi échapper à cette terrible prédiction. Pendant la bataille, il est venu boire de l'eau pour se rafraîchir puis il est reparti se battre. Je ne l'ai jamais revu ! »

Elle conduisit les deux sœurs dans une petite pièce au fond de la forge et leur présenta un nouveau-né.

« Voici le fils de Cumhal », leur dit-elle d'une voix triste. « J'ignore combien de temps encore je réussirai à le cacher ici ; les Morn se doutent de quelque chose, ils sont déjà venus plusieurs fois . . . »

Les deux sœurs lui proposèrent de cacher le bébé dans un endroit sûr et de l'élever. La mère accepta et elles l'emportèrent.

Elles l'élevèrent à l'abri du monde, au plus profond de la forêt. Elles lui parlaient souvent de Cumhal, son père, et de sa mort pendant cette bataille maudite. Le garçon devint très robuste et agile ; il courait plus vite que le vent, sautait par-dessus des troncs d'arbre abattus aussi lestement qu'un chevreuil. Il nageait si vite qu'il pouvait attraper un canard sauvage avant qu'il ne s'envole.

Quand il eut six ans, un étranger apparut dans la clairière devant leur cabane. Les deux sœurs eurent à peine le temps de cacher l'enfant dans les arbres. L'homme les interrogea longuement, jusqu'au petit matin. Le garçon passa la nuit à cime d'un arbre. Il raconta par la suite que ce fut la plus atroce nuit de sa vie.

Les sœurs jugèrent que leur jeune protégé n'était désormais plus en sécurité dans la forêt. Le petit garçon décida de partir ; il rencontra une bande de baladins qui traversaient la forêt et se joignit à eux. Les comédiens lui apprirent beaucoup de choses ; ils savaient tout ce qui se passait dans le pays. Un jour, ils furent attaqués par un vagabond qui leur barra la route. Plusieurs baladins furent blessés, les autres s'enfuirent à toutes jambes. Le bandit s'en prit au jeune garçon mais celui-ci esquiva ses coups si lestement que le vagabond lâcha prise et lui demanda son nom. Le garçon répondit fièrement :

« Mon nom ne te dira rien. Mais mon père était le grand Cumhal, le seigneur des Baskin. »

Le vagabond souleva le garçon de terre et le serra contre sa poitrine, il avait les yeux

emplis de larmes. Puis, il lui raconta qu'il s'appelait Fiacuil, qu'il avait été le plus grand officier de Cumhal. A la mort de son seigneur, il avait juré de le venger à tout prix. Lorsqu'il eut fini son récit, il emmena le garçon dans sa cabane au milieu des marécages. Là, il lui montra avec orgueil la lance qui avait appartenu autrefois à Cumhal ; il l'avait reprise à un Morn après la bataille. Elle était maintenant accrochée au mur de sa cabane, la pointe recouverte d'une étoffe pour que personne ne se blessât.

Le garçon vécut un certain temps dans la cabane du vagabond. Le vieil homme lui apprit beaucoup de choses ; il connaissait bien les marais.

Lorsque le garçon eut tout appris, il repartit. Il parvint au bord d'un grand lac et se lia d'amitié avec les fils des pêcheurs qui l'appelèrent Fion, c'est à dire «le blond». Au début les garçons l'admiraient parce qu'il était toujours le premier à la course, à la nage et au saut. Fion avait même un jour affronté trois garçons ensemble et les avait battus. Mais comme il était toujours le meilleur, leur admiration se changea peu à peu en jalousie. Fion comprit alors qu'il était grand temps de partir.

Il reprit donc la route et entra au service du seigneur Kerry en qualité de veneur. Le seigneur ne tarda pas à remarquer l'adresse de son jeune veneur et il lui demanda son nom. Fion répondit évasivement :

« Je ne suis qu'un simple paysan de la région de Tara. »

Le seigneur l'observa attentivement.

« Tu mens. Tu n'es pas un paysan mais le

fils du grand Cumhal. Tu ne peux rester plus longtemps chez moi, je ne veux pas que les Morn t'assassinent sous mon toit. »

Fion repartit. Il découvrit un jour dans une clairière, en pleine forêt, une chaumière dans laquelle vivait un sage, un vieux troubadour et poète qui s'appelait Finégas.

« Pourquoi vis-tu en ermite ? » demanda-t-il au vieillard. Finégas lui répondit :

« J'habite au bord de la rivière parce qu'il est écrit dans les livres anciens qu'un jour je pêcherai la truite de la sagesse. »

Il invita Fion à rester chez lui. Un jour, alors que Fion mettait de l'ordre dans la chaumière, Finégas entra précipitamment ; il tenait un panier et dit au jeune garçon d'une voix triste:

« Je viens de pêcher la truite de la sagesse. »

Il ouvrit le panier et le garçon y vit scintiller une truite aux couleurs de l'arc-en-ciel.

«Je dois retourner à la rivière», dit le vieillard, «tu peux faire frire la truite. Mais n'oublie pas une chose: tu ne dois pas en avaler la moindre bouchée!»

Fion lui promit de ne pas toucher à la truite et le vieillard retourna à la rivière. Le garçon prépara du feu, sortit une poêle et se mit à faire frire la truite. Mais alors qu'il venait de la déposer dans la poêle, une goutte d'huile lui sauta sur la main. Il la lécha et continua prudemment à faire cuire le poisson. Soudain, il entendit au-dessus de sa tête deux voix fluettes :

« Regarde, Fion se fait frire la truite de la sagesse ! »

La deuxième petite voix répondit :

« Et la trouvera-t-il bonne ? »

Fion leva la tête mais il ne vit que deux mouches au plafond. Il comprit ce qui s'était passé.

La truite sentait très bon, il en avait l'eau à la bouche mais Fion résista. Lorsque Finégas rentra, la truite était servie dans une assiette en bois sur la table.

« L'as-tu goûtée ? » lui demanda le vieil homme d'un ton sévère.

«Je ne l'ai pas goûtée puisque je te l'avais promis ! »

Le vieillard le regarda tristement et lui dit :

« Je dois t'avouer quelque chose. Je t'ai menti. Ou plutôt je ne t'ai pas dit toute la vérité. Je t'ai raconté que je devais pêcher la truite de la sagesse mais ce n'est pas tout. »

« Et bien, tu peux tout me dire maintenant. »

« Bien sûr. Je ne t'ai pas dit que cette truite, c'est toi qui dois la manger. »

« Et pourquoi ne la partagerions-nous pas ? »

Finégas lui dit non de la tête.

« Ce n'est pas possible. Il est écrit dans le livre du destin que c'est toi qui la mangeras. »

Fion s'assit et mangea la truite. Lorsqu'il en eut avalé la dernière bouchée, le vieillard lui dit :

« J'ai accompli ma mission et maintenant je n'ai plus rien à t'apprendre. Tu dois continuer ton chemin. »

Ils se séparèrent et Fion reprit sa route. Il partit à la recherche de la forge dans laquelle il était venu au monde, il embrassa sa mère et lui demanda de lui forger une épée très tranchante. Elle se mit aussitôt au tra-

vail, la forge vibrait sous ses coups. Des feux follets volaient entre les étincelles mais Fion ne les vit pas. Le lendemain, au petit jour, sa mère lui apporta l'épée tranchante. Il la remercia et lui fit ses adieux.

En quittant la forêt, il vit un groupe de gens cheminer sur la route. Il le rejoignit et apprit qu'il se rendait au château royal de Tara où devait avoir lieu une très grande fête. Chaque année, on y venait des quatre coins du pays pour y festoyer. Ce jour-là chacun oubliait ses querelles ; on ne devait pas se disputer ni se battre. Fion les suivit au château. Il se glissa parmi les grands seigneurs dans la grande salle et festoya en leur compagnie. Depuis son trône, le roi aperçut un visage inconnu parmi ses fidèles.

« Quel est cet étranger au milieu des grands seigneurs ? »

« Je suis Fion », répondit le garçon. « Le fils de Cumhal. »

« Viens t'asseoir à côté de mon fils Art ! » ordonna le roi.

La fête battait son plein lorsqu'un messager tout essouflé pénétra en courant dans la salle et vint s'incliner devant le roi :

« Sire, ce scélérat d'Aillen Macmidna, le seigneur rebelle des Morn a quitté ses terres à la tête d'une troupe armée, il marche sur votre château. »

« Bien », dit le roi. « Lequel de vous ira affronter et chasser cet intrus ? »

Personne ne répondit ; dans la salle régnait un silence. Le roi se leva et déclara:

«J'irai moi-même le punir.»

Mais Fion se leva d'un bond et s'écria :

« Non, Sire ! C'est moi qui irai ! Mais accepterez-vous de faire quelque chose pour moi à mon retour ? Si j'en reviens vainqueur je vous dirai ce que je désire. »

Le roi le lui promit et Fion s'élança dans la nuit en brandissant son épée. Il faisait une nuit noire, sans lune ni étoiles, mais Fion était habitué à l'obscurité des forêts ; il n'avait pas peur. Au petit jour il rencontra tout à coup son vieil ami le vagabond des marais, Fiacuil. Il tenait la lance de Cumhal à la main.

« Où cours-tu, seigneur et ami ? » lui demanda-t-il étonné.

Fion lui raconta ses dernières aventures, son ami lui répondit :

« Prends la lance de ton père. Elle t'aidera à venir à bout de ce scélérat. »

Il donna la lance à Fion et ils se séparèrent.

Fion aperçut bientôt la troupe ennemie. Il sortit son épée du fourreau et fondit sur l'adversaire avec tant de violence que tous s'enfuirent. Aillen Macmidna fit rebrousser chemin à sa monture. Fion se lança à sa poursuite en criant : « Je vais te rendre la lance de mon père ! »

Et il la lança si fort que sa pointe transperça la poitrine du fuyard. Après cette éclatante victoire, Fion retourna à la cour du roi.

« Quelle récompense désires-tu pour ton courage ? » lui demanda le roi.

« Je ne souhaite qu'une seule chose : je veux devenir le capitaine de ton armée. »

Le roi accepta et Fion devint ainsi capitaine. Lorsque le roi vint à mourir, Fion lui succéda. Et il est écrit dans les textes anciens :

« Fion était roi, seigneur et poète. Il était notre chef. Il n'accomplit que du bien et fut le meilleur d'entre nous. »

LE TAUREAU NOIR DE NORROWAY

A Norroway, en Écosse, vivaient autrefois une femme et ses trois filles. Un jour, l'aînée lui demanda :

« Mère, prépare-moi une galette et un morceau de viande rôtie, je pars dans le monde chercher le bonheur. »

La mère lui prépara ce qu'elle avait demandé et elles se firent leurs adieux. La jeune fille se rendit chez la sorcière qui habitait non loin de là. Elle lui demanda ce qu'elle devait faire pour trouver le bonheur. La sorcière lui donna ce conseil:

« Demeure quelques jours chez moi. Chaque soir tu observeras depuis la cour les gens qui passent sur la route. »

La jeune fille lui obéit. Le premier soir, elle ne vit personne mais le second soir elle aperçut une diligence. La jeune fille courut raconter à la sorcière ce qu'elle avait vu.

« Cette diligence vient pour toi », lui répondit la sorcière, « pars avec elle ; tu feras un beaux mariage et tu seras très riche. »

La jeune fille l'écouta et partit.

Quelque temps plus tard, la cadette voulut aussi trouver le bonheur. Elle fit ses adieux à sa mère et se rendit chez la sorcière. La vieille femme l'invita à entrer et l'écouta attentivement. Elle lui donna le même conseil qu'à sa sœur. Et, en effet, quelques jours plus tard, la jeune fille aperçut sur la route une diligence. La sorcière lui dit : « Monte dans cette voiture, tu épouseras un honnête homme qui te rendra heureuse. »

Et la voiture disparut à l'horizon, emportant la cadette.

La benjamine ne tarda pas non plus à vouloir trouver le bonheur. Tout comme ses deux sœurs, elle se rendit tout d'abord chez la sorcière. Elle lui donna le même conseil. Elle se trouvait dans la cour près du portail quand elle aperçut au loin un grand taureau noir qui avançait très vite en soulevant derrière lui des nuages de poussière. La sorcière lui dit :

« Monte sur son dos. Mais je ne puis te dire quel sort t'attend. »

A peine la jeune fille s'était-elle hissée sur le dos de l'animal qu'il se mit à courir.

Il courut une nuit et un jour. Le soir approchait, la jeune fille était épuisée et affamée. Un magnifique château se dressa soudain devant eux.

« Nous y passerons la nuit », lui dit le taureau avec une voix humaine.

Les serviteurs aidèrent la jeune fille à mettre pied à terre et la châtelaine lui offrit de se restaurer et de se désaltérer. Le taureau passa la nuit dans un pré devant le château.

Le lendemain matin, la châtelaine fit ses adieux à la jeune fille et lui offrit une pomme pour la route en lui disant :

« Lorsque tu seras en péril, cette pomme t'aidera. N'oublie pas ! »

La jeune fille sauta sur le dos de l'animal et ils reprirent leur route.

Le soir, ils trouvèrent un château encore plus magnifique que celui de la veille. Le taureau s'arrêta et dit :

« Nous y passerons la nuit, ma sœur habite dans ce château. Elle te recevra très bien. »

Tout se déroula comme la nuit précédente. Le taureau dormit dans un pré, la jeune fille dans une splendide chambre. Le

matin elle reçut un présent, c'était cette fois une poire. La châtelaine lui donna ce conseil :

« Lorsque tu seras en danger, n'oublie pas cette poire, elle t'aidera. »

Ils repartirent pour une longue étape et le soir s'arrêtèrent devant un château encore plus beau que les deux premiers. Le lendemain matin, la jeune fille reçut une prune et le même conseil que la veille et l'avant-veille.

Ils cheminèrent très longtemps et s'arrêtèrent au bord d'un chemin sombre et désert.

Le taureau demanda à la jeune fille de descendre. Puis il lui dit :

« Je dois aller me battre contre un méchant sorcier. Reste ici, assieds-toi sur cette pierre et attends-moi. Pendant mon absence tu ne dois pas bouger sinon tu ne me reverras jamais. Je dois te dire encore une chose. Regarde bien autour de toi ; si tu aperçois quelque chose de bleu, cela voudra dire que je l'ai emporté ; si tu vois du rouge, tu sauras que le sorcier m'a battu. »

La jeune fille lui promit de ne pas bouger et le taureau s'en alla. Elle attendit assise sur la pierre. Elle regardait autour d'elle quand elle s'aperçut que l'herbe, les feuilles et les fleurs devenaient bleues. Elle se leva d'un bond, toute heureuse, mais réalisa au même moment qu'elle venait de trahir sa promesse. Elle se mit à courir dans la direction prise par le taureau. Le taureau revint chercher la jeune fille, mais il n'y avait plus personne sur la pierre.

La jeune fille courut longtemps sur ce chemin qui semblait sans fin. Soudain elle se retrouva au pied d'une colline en verre dont le sommet se perdait dans les nuages. Elle tenta d'escalader le versant en verre mais ses pieds dérapaient et ses mains glissaient, tous ses efforts étaient inutiles. Elle contourna la colline en courant dans les bosquets qui encerclaient la montagne de verre. Elle découvrit alors une forge isolée. Elle demanda de l'aide au forgeron mais ce dernier lui répondit :

« Il n'existe qu'un seul chemin pour partir d'ici et ce chemin passe par la montagne de verre. Si tu me sers pendant sept années je te forgerai des chaussures avec lesquelles tu pourras escalader le verre. »

Ces sept années passèrent très vite. Le forgeron lui fabriqua comme il l'avait promis des chaussures à bout pointu et la jeune fille escalada le versant en verre. Sur le sommet, elle vit une grande maison. Elle alla frapper à la porte.

Quelques instants plus tard, une servante vint lui ouvrir. Elle lui raconta à voix basse que la maison était habitée par une sorcière et sa fille. Elle lui dit aussi que tous les soirs, un gentilhomme venait à la maison et qu'il portait des bas tachés de sang. Il avait promis d'épouser la femme qui pourrait effacer ces taches.

La jeune fille décida d'entrer, elle vit la sorcière et sa fille qui frottaient les bas du seigneur mais sans succès. La jeune fille leur demanda de les lui prêter un instant. Elle les frotta et les rinça si soigneusement que les taches disparurent comme si elles n'avaient jamais existé.

Le jeune seigneur arriva peu après. Il était jeune et beau. La jeune fille s'en éprit au premier regard. Le jeune seigneur ne la quittait pas des yeux. Mais la sorcière annonça au gentilhomme que sa fille avait lavé ses bas. Le beau jeune homme poussa un long soupir, il allait devoir tenir sa promesse. Il demanda à la sorcière de préparer le mariage.

La jeune fille eut beaucoup de peine à retenir ses larmes. Elle se souvint alors de la pomme ; elle la sortit de son foulard et s'aperçut avec surprise qu'elle était recouverte de pierres précieuses. Elle tendit la pomme à la sorcière et lui dit :

« Cette pomme sera tienne si tu repousses au moins d'un jour le mariage et si tu me permets de veiller cette nuit au repos du seigneur. »

La sorcière était très cupide, aussi s'empressa-t-elle d'accepter. Mais elle était méfiante et prépara un breuvage dont elle emplit la carafe de vin destinée au seigneur. Dès qu'il l'eut avalé, il sombra dans un profond sommeil. La jeune fille le veilla toute la nuit, en pleurant et en gémissant :

« Pour toi j'ai servi pendant sept années un forgeron, pour toi j'ai escaladé une montagne en verre, j'ai lavé tes bas et tu ne sais pas que je suis là ! »

Le lendemain elle offrit la poire à la sorcière. Le fruit portait de merveilleuses perles. La sorcière l'accepta et promit de retarder le mariage d'un jour.

Tout comme la veille, le seigneur s'endormit d'un sommeil profond après avoir bu le breuvage de la sorcière. La jeune fille pleura au pied de son lit toute la nuit :

« Pour toi j'ai servi pendant sept années un forgeron, pour toi j'ai escaladé une montagne en verre, j'ai lavé tes bas et tu ne sais pas que je suis là ! »

Le lendemain matin, un valet demanda au seigneur : « Vous est-il arrivé quelque chose cette nuit, Seigneur ? J'ai entendu venant de votre chambre des pleurs et des gémissements. »

Le jeune homme l'écouta avec surprise; il décida de faire attention la nuit suivante.

Lorsque ce soir-là, la sorcière lui tendit le breuvage, il lui demanda un peu de miel. Pendant son absence, il jeta la boisson.

La jeune fille n'avait plus qu'une seule chance. Elle avait en effet obtenu un nouveau répit en offrant la prune à la sorcière. Le fruit était couvert de perles et d'or.

Le jeune homme alla se coucher. Il feignit de dormir profondément. Avant que minuit ne sonne, la jeune fille se glissa dans sa chambre. Elle se mit à pleurer et à gémir :

« Pour toi j'ai servi pendant sept années un forgeron, pour toi j'ai escaladé une montagne en verre, j'ai lavé tes bas et tu ne sais pas que je suis là ! »

Il ouvrit alors les yeux. Lorsqu'il aperçut le visage bouleversé de la belle jeune fille, il se leva, posa la main sur son épaule et lui dit d'une voix douce :

« Maintenant je sais que tu es là. Je n'ai rien oublié, comment aurais-je pu ? Je suis le taureau noir de Norroway. Une méchante sorcière m'avait jeté un sort parce que je ne voulais pas épouser sa fille. Jour après jour, je t'ai cherchée dans les forêts, dans les taillis. J'ai tant marché que mes pieds étaient en sang, griffés par les ronces ; mais je ne t'ai pas retrouvée. »

Ils se parlèrent jusqu'au petit jour, se confiant tout ce qui leur était arrivé depuis leur séparation.

Le lendemain, ils descendirent de la montagne en verre. Et dans la plaine, une longue vie de bonheur les attendait.

LE MOULIN DU BONHEUR

Sur l'île Gotland vivait autrefois le roi Skjöld, le père des Skjöldung. A sa mort, son fils Fridleif monta sur le trône, il régna sagement et avec justice. Il était aimé dans tout le royaume.

En ce temps-là, il y avait en Gotland deux énormes meules de moulin, elles étaient si grandes et si lourdes que personne ne pouvait les déplacer. On construisit un moulin magique qui avait un étrange pouvoir : il pouvait moudre tout ce que l'on désirait.

Comme tous les sujets du royaume ne souhaitaient que la paix et le bonheur, le moulin enchanté offrait à chacun la joie et la tranquillité. C'est pourquoi on l'appelait le Moulin du Bonheur.

A la mort de Fridleif, son fils Frödi lui succéda. Il fut invité un jour à un grand festin par Fjölni, le roi de Suède. Frödi vit à la cour de son hôte deux esclaves géantes qui s'appelaient Fenja et Menja. Comme Frödi était très riche, il les acheta et les emmena sur son île pour les faire travailler dans son célèbre moulin. Il leur ordonna de faire tourner la meule sans arrêt et de lui moudre du pouvoir, des trésors et de l'or. Le travail au moulin était très pénible ; les esclaves n'avaient pas le droit de se reposer, pas même une minute. Dès que le roi n'entendait plus le bruit des meules, il se précipitait au moulin pour houspiller les esclaves. Le moulin ne devait pas s'arrêter de tourner.

Un jour, tout en roulant la très lourde meule, les esclaves se mirent à chanter pour se donner du courage. Les paroles de leur chanson étaient inquiétantes :

« Il nous faut moudre du pouvoir et des trésors pour Frödi, il nous faut moudre de l'or dans le Moulin du Bonheur. Qu'il se noie dans ses richesses, qu'il dorme sur des oreillers moelleux si cela lui chante ! Mais cela ne durera pas toujours ! »

Elles s'arrêtèrent un instant pour se reposer mais la voix de Frödi retentit aussitôt :

« Après le premier chant du coucou, vous n'avez plus le droit de vous reposer ! »

Les esclaves reprirent leur travail et le moulin continua à moudre de l'or. Mais Fenja reprit son étrange chanson :

« Ce n'était pas très intelligent, roi Frödi, d'acheter des esclaves. Tu nous as choisies

pour la force de nos bras mais tu ignores qui nous sommes. Tu ne te doutes pas que nous sommes les filles des géants de la montagne, les plus puissants de tous les géants. Pendant neuf hivers nous avons déplacé des rochers, nous avons roulé d'énormes blocs de pierre au sommet des montagnes qui tremblaient sous leur poids. Tu ignores que ces deux pierres de meule dont nous sommes esclaves, nous les avons déjà portées des milliers de fois. Tu ignores que nous avons mille fois conduit l'armée contre l'ennemi dont nous n'avons fait qu'une bouchée. Nos plus valeureux soldats ont chanté nos louanges et vanté notre force. Mais aujourd'hui personne n'a pitié de nous. Nous sommes transies de froid et le sable nous déchire les pieds. Qu'il est triste de moudre sans cesse ! »

Et elle poursuivit encore :

« Pas un instant de repos pour nous, les esclaves, car le roi n'a jamais assez d'or ! Et il n'en aura jamais assez ! L'heure de la vengeance a sonné ! »

Elles s'arrêtèrent alors et la voix du roi retentit :

« Vous voilà de nouveau en train de paresser ! Je vous ai dit cent fois qu'il est interdit de s'arrêter. »

Les esclaves se remirent au travail. Mais ce n'était plus de l'or et des richesses qui apparaissaient, c'étaient des hommes armés. Et le chant de Fenja s'élevait de plus en plus fort :

«Réveille-toi, roi, réveille-toi, de mauvais moments t'attendent. Ecoute notre chant ! Déjà à l'ouest brûlent des feux, l'armée est en marche, ton château va bientôt être en flammes. Tu vas perdre ton or, mais aussi ton trône et le moulin enchanté. »

Les meules tournaient de plus en plus vite, les murs du moulin se mirent à trembler puis s'écroulèrent et les roues s'arrêtèrent. Fenja s'écria alors :

« Tout est moulu, roi ! Nous avons trop longtemps fait tourner la meule, c'en est assez ! »

L'écho de ses paroles n'avait pas encore retenti qu'on entendit devant le château un énorme vacarme. Une armée de mille hommes, conduite par Mysing, le roi des Vikings, avait envahi la ville. Le roi Frödi fut tué au cours du combat et son château fut brûlé.

Le vainqueur embarqua sur son navire les trésors et l'or de Frödi. Quant aux esclaves, elles durent transporter dans le plus grand des bateaux les pierres du moulin. Dès qu'ils eurent quitté le port, le roi Mysing ordonna aux esclaves de moudre du sel.

Elles travaillèrent jusqu'au soir et même pendant la nuit. A minuit, les deux sœurs allèrent trouver le roi pour lui demander :

« Seigneur, il y a assez de sel, le navire est surchargé. Faut-il moudre encore ? »

Le roi répondit que le moulin ne devait pas s'arrêter un seul instant et les deux esclaves reprirent leur travail. La montagne de sel s'élevait de plus en plus haut et le bateau fit naufrage. Il s'enfonça dans les profondeurs.

Il se forma alors un gigantesque tourbillon qui aspira les autres navires. C'est depuis ce jour-là que la mer est salée.

SADKO

Il était une fois dans la célèbre ville de Novgorod un violoniste qui s'appelait Sadko. C'était le meilleur violoniste de toute la grande Russie. Les riches marchands et les boyards ne manquaient jamais de l'inviter à leurs fêtes car Sadko les divertissait avec son violon et ses chansons.

Mais, un beau jour, Sadko ne fut plus invité ; les marchands semblaient l'avoir oublié. Sadko alla au bord du lac Ilmen, il s'installa sur une pierre blanche et joua du matin jusqu'au soir. Lorsque la nuit tomba, des vagues agitèrent le lac, leur écume s'étala sur le sable et vint lécher les pieds de Sadko. Effrayé, le violoniste rentra bien vite chez lui.

Le lendemain, aucun boyard ne l'invita. Sadko s'en retourna sur les bords du lac et il joua très longtemps, du lever au coucher du soleil. Tout comme la veille, des vagues se formèrent sur le lac et leur écume aspergea cette fois les jambes de Sadko. Effrayé, il rentra bien vite à Novgorod. Le troisième jour, il ne fut pas invité. Que pouvait-il faire ? Il alla au bord du lac et joua du violon jusqu'au soir. Mais, à la tombée de la nuit, des vagues se levèrent et l'eau ne tarda pas à atteindre les genoux de Sadko. Cette fois cependant, il resta assis et s'arma de courage. Il continua à jouer de son violon. Tout à coup, le roi des Eaux émergea des profondeurs du lac. Il dit à Sadko d'une voix tonitruante :

« Je te remercie, Sadko, d'avoir joué pendant notre fête ! J'aimerais te prouver ma reconnaissance. Rentre à Novgorod et attends calmement demain. Les marchands vont t'inviter. Ils chercheront à se faire valoir, comme d'habitude. Toi aussi, tu vas te vanter, raconte-leur que tu as vu dans le lac des poissons avec des nageoires d'or. Parie ensuite que tu peux les attraper. Tu tresseras un filet que tu lanceras par trois fois dans le lac. Tu gagneras ainsi ton pari et tu deviendras alors un riche commerçant de Novgorod. »

Tout se déroula comme l'avait prédit le roi des Eaux. Sadko devint un riche marchand de Novgorod. Il épousa une jeune fille et se fit construire une maison en pierres blanches. Il invita un jour tous les marchands de Novgorod à une grande fête. On y mangea, on y but et naturellement, les marchands commencèrent à se vanter. Sadko leur dit alors :

« Seuls les imbéciles se vantent de ce qu'ils possèdent. Et moi alors, de quoi faudrait-il que je me vante ? Je possède tant

d'or et d'argent que je pourrais acheter toutes les marchandises de Novgorod ! »

Les marchands parièrent aussitôt qu'il n'y parviendrait pas. Le perdant devait payer trente mille roubles.

Sadko se mit à acheter les marchandises de Novgorod. Le premier jour, il en acheta, le deuxième jour et le troisième jour aussi. Mais le soir du troisième jour, des marchandises arrivèrent de Kiev et d'autres villes. Sadko comprit alors qu'il devrait acheter toute la Russie pour gagner son pari. Et non seulement la Russie mais aussi le monde entier. Alors il se dit : « Je n'y arriverai jamais ! Je préfère payer trente mille roubles plutôt que de tout perdre. »

Et c'est ce qu'il fit. Il paya et fit construire trente bateaux noirs qu'il chargea de marchandises. Ils naviguèrent le long du fleuve jusqu'à la mer bleue. Ils voyagèrent trois jours. Le troisième jour la mer se leva, d'énormes vagues secouèrent les navires, le vent déchira les voiles mais les bateaux n'avancèrent plus. Sadko dit alors aux marins :

« Mes chers et courageux compagnons, nous devons payer un tribut au roi de la Mer. Jetez-lui par-dessus bord un tonneau plein d'or. »

Le tonneau s'enfonça dans les eaux mais la mer ne se calma pas. Les voiles étaient secouées par de violentes rafales de vent, mais les bateaux restaient sur place, comme ancrés. Sadko ordonna de jeter à la mer un

tonneau plein d'argent ; mais la mer ne se calma pas davantage. Les bateaux semblaient toujours amarrés. Sadko ordonna de jeter à le mer un tonneau de perles mais la tempête soufflait toujours et les bateaux restaient immobiles.

Sadko réfléchit longtemps puis leur dit :

« Pauvres de nous ! Le roi de la Mer ne veut ni or, ni argent, ni perles. Il exige l'un de nous. Que tout le monde prenne une brindille de saule et la jette à la mer ; moi, je jetterai une brindille dorée. Celui dont la brindille sera engloutie devra sauter à la mer. »

Les marins lui obéirent mais les brindilles de saule restèrent à la surface et seule la petite branche dorée fut engloutie.

« Nous avons commis une erreur », dit Sadko. « Que tout le monde jette à la mer une brindille dorée ; quant à moi, je prendrai une brindille de chêne. »

Cependant les petites branches dorées flottèrent, tandis que la brindille de chêne s'enfonçait aussitôt dans les profondeurs.

Sadko leur dit alors :

« C'était sans doute une erreur. Que tout le monde prenne une brindille de chêne, moi je prendrai une brindille de peuplier. »

Les marins lui obéirent. Toutes les brindilles cependant restèrent à la surface, seule celle de Sadko s'enfonça dans les eaux.

« Il n'y a rien à faire ! » dit Sadko. « J'ai perdu ! » Il rédigea son testament, fit ses adieux aux marins, prit son violon et ordonna de mettre à l'eau une large planche en chêne. Sadko s'installa sur son radeau, les bateaux filèrent alors comme le vent. Sadko resta seul au milieu des vagues. Il ne tarda pas à s'assoupir, car il était épuisé. Quand il se réveilla, il s'aperçut qu'il se trouvait au fond de la mer, devant un château en pierres blanches. Il passa la porte et vit dans une salle très claire le roi de la Mer assis sur son trône. Il salua Sadko et lui dit :

« Tu ne voulais pas payer de tribut mais te voilà à présent. J'ai entendu dire que tu joues merveilleusement de ton violon en bois d'érable. Joue-moi quelque chose ! »

Que pouvait faire Sadko ? Il accorda son violon et se mit à jouer. Dès les premières notes, le roi de la Mer se leva et se mit à danser joyeusement. Et pendant qu'il dansait, la houle se leva sur la mer et fit couler plusieurs bateaux.

Soudain quelqu'un tapota l'épaule de Sadko. Il se retourna et vit un vieil homme.

« Cela suffit maintenant, violoniste, cesse de jouer ! Tu mets en péril tous les hommes sur la mer ! »

« Mais je ne joue pas pour mon plaisir ! c'est le roi de la Mer qui me l'a ordonné ! » répliqua Sadko.

Le vieillard grisonnant lui donna alors ce conseil :

« Casse les cordes et les chevilles de ton violon et dis au roi que tu ne peux plus jouer. Il t'offrira alors une récompense pour l'avoir amusé. Il te proposera de te choisir une fiancée parmi les sirènes de la mer. Laisse passer les trois cents premières ainsi que les trois cents suivantes sans les remarquer. Il en viendra encore trois cents, c'est la dernière de celles-ci qu'il te faudra choisir. Mais souviens-toi d'une chose : tu ne dois pas l'embrasser sinon il t'arrivera les pires malheurs ! »

Sadko suivit son conseil et tout se déroula comme l'avait prédit le vieillard. Le cortège des sirènes de la mer s'avança vers Sadko, elles étaient toutes plus belles les unes que les autres. Trois cents sirènes défilèrent, puis encore trois cents, Sadko les regarda sans en choisir aucune. Les trois cents dernières apparurent, Sadko les laissa passer et arrêta la dernière, la plus belle de toutes. Il lui prit la main et s'écria :

« C'est celle-ci que je choisis ! »

« Tu as fait un très bon choix », lui dit le roi de la Mer. « Tu as choisi Tchernava, la plus belle de toutes ! »

On prépara alors un grand festin et un splendide mariage. Sadko n'avait pas une seule fois embrassé sa fiancée. La nuit de leur mariage, quand ils furent allongés côte à côte, le jeune marié ferma les yeux et tomba dans un profond sommeil.

A son réveil, le lendemain matin, il se retrouva à Novgorod. Il aperçut devant lui le large fleuve Volkhov et cria de joie : une rangée de bateaux noirs avançaient sur la rivière, et il avait reconnu ses bateaux !

Les marins le regardèrent avec étonnement car ils le croyaient mort en pleine mer. Ils l'avaient pleuré, et ils le voyaient à présent en haut de la colline qui surplombe la rivière. Ils déchargèrent les tonneaux d'or, d'argent et de perles et Sadko rentra chez lui. Il offrit un grand festin pour tous les habitants de Novgorod et continua à voyager de par le monde. Mais il ne navigua plus jamais en mer. Et ce fut le plus heureux des hommes dans sa belle ville de Novgorod.

COMMENT LE BOGATYR SVATOGOR TROUVA SA FIANCÉE

La terre russe a porté bien des bogatyri, des hercules qui se montraient preux et forts. Mais le plus fort qu'on ait jamais connu s'appelait Svatogor. Lorsqu'il était à cheval, on aurait dit qu'une tempête se déchaînait, que le tonnerre grondait et que des éclairs déchiraient le ciel. Son cheval crachait des flammes et du soufre par ses naseaux. Il piétinait l'herbe, la terre tremblait à chacun de ses pas. Quand Svatogor traversait un champ, les arbres dans les forêts se courbaient jusqu'au sol et les rivières débordaient. C'est pourquoi ce bogatyr ne pouvait vivre dans la vaste Russie. Il se promenait dans les montagnes et les gorges, il n'avait personne à qui parler, personne avec qui mesurer sa force. Il vivait tout seul dans les montagnes Sacrées, dans une maison vide. C'est pourquoi on l'appelait Svatogor, c'est-à-dire Montagne Sacrée.

Svatogor s'ennuyait profondément et se demandait : « Pourquoi dois-je vivre seul dans les montagnes ? Pourquoi ne puis-je parler à personne ? Pourquoi suis-je si fort ? Je vais partir dans le monde pour le découvrir. »

Il sella son cheval et partit pour la grande Russie. A chacun de ses pas, la terre tremblait et s'ouvrait, on aurait dit qu'une tempête se déchaînait, que le tonnerre grondait et que des éclairs déchiraient le ciel. « Mais existe-t-il quelqu'un de plus fort que moi ? » se demandait le bogatyr.

Il aperçut soudain devant lui un voyageur solitaire. Il portait un manteau de velours noir, des chaussures en maroquin souple et sur l'épaule un petit baluchon. Svatogor pressa son cheval pour le rattraper. Il partit au trot puis au galop. Il galopa à bride abattue deux jours et deux nuits sans pouvoir rattraper le voyageur, qui était toujours aussi loin devant lui.

Il cria, le voyageur s'arrêta, se retourna et lui demanda :

« Que désires-tu, Svatogor ? »

Svatogor se rapprocha de lui.

« J'aimerais bien parler avec quelqu'un, échanger ne serait-ce que deux ou trois

mots. J'aimerais bien mesurer ma force avec quelqu'un. Dis-moi, existe-t-il au monde qui soit plus fort que moi ? »

Le voyageur jeta son baluchon à terre, lui sourit et dit :

« Si tu veux mesurer ta force avec quelqu'un, soulève d'abord ce baluchon. »

Svatogor éclata de rire. Il effleura le paquet de son fouet mais il ne bougea pas. Il essaya de le soulever de la pointe du pied puis avec tout le pied mais sans aucun succès. Le baluchon semblait amarré au sol. Svatogor sauta de son cheval, saisit le baluchon des deux mains comme s'il voulait déraciner un arbre. Il s'enfonça dans le sol jusqu'aux genoux sans parvenir à déplacer le baluchon.

Il se releva alors et dit d'une voix très étonnée :

« Cela fait longtemps que je parcours le monde, mais je n'ai jamais encore vu une chose semblable. Qui es-tu donc ? Et que portes-tu dans ce baluchon ? »

Le voyageur lui répondit en souriant :

« Sais-tu ce que contient ce baluchon ? Il porte tout le poids de la terre russe ! Et si tu veux savoir comment on m'appelle, suis-moi et tu l'entendras de tes propres oreilles. Je vis dans un petit village. Je laboure les champs, puis je sème du seigle. Lorsqu'il est mûr, je le coupe, je le moissonne et je le bats. Lorsqu'il est battu, j'en fais des gâteaux et j'invite tous mes voisins. Lorsqu'ils viennent chez moi, ils mangent mes gâteaux, lèvent leur verre et s'écrient : « A ta santé, Mikoula, fils de paysan ! »

Cette réponse laissa Svatogor perplexe. Au bout d'un moment, il dit au voyageur :

« Je vois que tu es non seulement fort mais aussi très sage. Dis-moi, qui peut me prédire mon avenir ? »

Le voyageur souleva sans le moindre effort son baluchon, le jeta sur son épaule et lui répondit :

« Va au premier carrefour puis prends à gauche et dirige-toi vers les montagnes du Nord. Au pied de ces montagnes, tu trouveras un énorme arbre qui abrite une forge. Dans cette forge habite un forgeron. C'est lui qu'il te faut interroger. »

Ils se dirent adieu et Svatogor éperonna son cheval. Il galopa deux jours et deux nuits. Au troisième jour, il s'arrêta au pied des montagnes enneigées. Devant lui s'élevait un grand arbre et il vit sous cet arbre une forge. Il mit pied à terre, attacha son cheval et entra dans la forge. Le forgeron était penché sur son enclume et frappait avec son marteau deux cheveux très fins. Svatogor lui demanda :

« Que fais-tu, forgeron ? »

Le forgeron essuya les gouttes de sueur qui perlaient à son front, posa le marteau sur l'enclume et répondit :

« Je soude ces deux cheveux. Ce sont deux destins. Les destins de Svatogor et de sa fiancée ; ainsi il ne sera plus seul. »

« Et où trouverai-je ma fiancée ? » lui demanda le bogatyr.

« Dans la capitale, dans une maisonnette en bois. C'est une jeune femme pauvre et malade, qui n'a pas quitté son lit depuis trente ans ; son corps est couvert de pus
tules. C'est cette femme que Svatogor do
épouser. »

Le bogatyr secoua la tête en s'écriant :

« Non, jamais je ne l'épouserai. Je n
veux pas d'une telle vie ! »

Le forgeron gloussa de rire et reprit so
marteau.

« Lorsque j'aurai soudé ces deux che
veux, plus personne ne pourra les sépare
Tu n'échapperas pas à ton destin même su
le plus rapide des chevaux ! »

Svatogor sortit en courant de la forge e
sauta sur son cheval. Il galopa à bride aba
tue pour s'éloigner le plus rapidement pos
sible de la forge. C'était comme si un oura
gan s'abattait sur les champs, comme si l
tonnerre grondait, comme si les éclairs dé
chiraient le ciel. La terre se mit à trembler

Il ne tarda pas à arriver aux portes de la capitale. Il découvrit la maisonnette en bois, attacha son cheval à un arbre et entra dans la maison. Dans un coin de la pièce il y avait un misérable lit sur lequel était étendue une jeune femme maigre et lépreuse.

Ce spectacle glaça Svatogor d'effroi. Il s'approcha silencieusement et effleura la jeune femme du bout de son épée pour voir si elle respirait encore. Elle soupira dans son sommeil et commença à se réveiller. Svatogor lança sur la table une bourse de cinq cents roubles, sortit en courant de la maisonnette, sauta sur son cheval et rentra bien vite chez lui dans les Montagnes Sacrées.

L'attouchement de l'épée eut un effet miraculeux. La jeune femme, qui était restée couchée pendant trente ans put se lever ; sa peau malade pela comme celle d'un serpent. Le soir, lorsque ses parents rentrèrent à la maison, ils n'en crurent pas leurs yeux : ils virent sur la table une bourse remplie de pièces d'or et, assise près de la table, une femme merveilleusement belle.

La jeune femme acheta avec cet argent des marchandises qu'elle alla vendre sur les marchés. Elle vendait et achetait, achetait et vendait et s'enrichissait de jour en jour. Elle était si belle qu'on ne tarda pas à parler d'elle dans tout le pays ; Svatogor lui-même en entendit parler. Il voulut voir ce qu'il en était, sella son cheval et se mit en route. Il parvint au bord de la mer, dans un port. De grands bateaux ondulaient sur les flots comme de magnifiques cygnes blancs. Il en compta trente et un. Sur le pont du plus beau, il vit une magnifique tente, dans cette tente un banc en défenses de morse et sur le banc une jeune femme belle comme un ange.

Il s'en éprit aussitôt. Le bogatyr ne laissa pas non plus la jeune femme indifférente. Leur mariage fut célébré pendant une semaine entière. Le septième jour, on ôta le voile de la jeune femme et son époux se pencha pour l'embrasser. Il remarqua alors une longue cicatrice rouge sur sa gorge.

« Quelle est cette cicatrice ? » demanda-t-il à la jeune femme.

« C'est une longue histoire », lui répondit-elle. « J'ai été malade pendant trente années, j'étais allongée sur un lit, je ne pouvais pas même bouger. Puis, un jour, un homme est entré dans notre maison, il a posé une bourse pleine d'or sur la table et m'a effleurée avec la pointe de son épée. Ce fut un miracle, je guéris comme par enchantement et je devins telle que tu me vois ! »

Svatogor comprit alors que le forgeron avait raison. Il était assez fort pour soulever des montagnes, mais il n'avait pas pu casser le fil du destin. Il n'avait pas réussi à échapper à sa destinée même sur le plus rapide des chevaux.

Après leur mariage, Svatogor et son épouse revinrent dans les montagnes Sacrées où ils vivent toujours main dans la main et inséparables.

LE CERF MAGIQUE

A la chute de l'empire de Babylone, le géant Ménro partit s'installer avec sa femme Eneh à Evilat, dans une nouvelle patrie qui devait s'appeler plus tard la Perse. Eneh mit au monde deux fils : Hunor et Magyar. Le géant Ménro avait plusieurs femmes, et il eut de nombreux enfants, des garçons et des filles, dont les descendants vivent encore aujourd'hui en Perse.

Hunor et Magyar étaient les fils aînés de Ménro, ce qui leur donnait le droit de ne pas habiter chez leur père, mais sous leur propre tente.

Un jour, ils montèrent sur leurs chevaux et partirent à la chasse avec cinquante de leurs compagnons. La chance leur sourit particulièrement ce jour-là, on entendait sans cesse des flèches siffler dans les airs. Ils tuèrent de nombreux daims et chevreuils et décidèrent de rentrer. Mais ils virent soudain surgir un grand cerf dont le museau brillait au soleil comme de l'or.

« En avant, mes amis ! » crièrent Hunor et Magyar. « Ne le laissons pas s'échapper, il nous le faut à tout prix ! »

Pendant trois jours et trois nuits, ils traquèrent le cerf sans merci ; mais ce dernier semblait ignorer la horde de poursuivants. Il volait d'une colline à l'autre, sautait par-dessus les montagnes, disparaissait soudain pour réapparaître loin devant eux. Aucune flèche ne l'atteignait, il était toujours hors de portée. La distance qui les séparait ne faisait que croître au fil des jours. Le soir du troisième jour, le cerf disparut comme si la terre l'avait englouti.

Les chasseurs étaient épuisés et affamés. Ils s'arrêtèrent dans une clairière en pleine forêt. Ils préparèrent un feu de bois autour duquel ils parlèrent longuement du cerf magique. Il les avait entraînés de plus en plus loin sans montrer le moindre signe de fatigue et il n'avait pas eu peur de leurs armes.

Le lendemain matin, Hunor, Magyar et leurs compagnons décidèrent de rentrer. Ils étaient tous déçus de ne pas avoir capturé le magnifique cerf. Ils ne le rencontrèrent pas sur le chemin du retour. En traversant de riches et fertiles marais, ils remarquèrent de beaux pâturages qui auraient bien convenu à leurs troupeaux. Le gibier y était abondant. De magnifiques prairies verdoyantes s'étalaient à perte de vue ainsi que des forêts ensoleillées avec de belles clairières dans lesquelles se rassemblaient de beaux chevreuils.

Cette contrée était riche en arbres et en plantes mais elle regorgeait aussi d'oiseaux

et de poissons dans les rivières et les ruisseaux.

A leur retour, Hunor et Magyar parlèrent à Ménro de cette contrée merveilleuse. Ils désiraient y revenir et s'y installer. Leur père accepta et les deux frères partirent accompagnés par leurs amis. Ils choisirent le meilleur endroit pour planter leurs tentes, il était dissimulé et inaccessible au milieu des marécages. Aucun ennemi ne pouvait ainsi les surprendre.

Ils vivaient depuis cinq années dans les marais quand, un jour, en allant chasser, le cerf magique se dressa devant eux. Ils le regardèrent fixement comme ensorcelés. Puis ils se ressaisirent, enfourchèrent leurs chevaux et se lancèrent à sa poursuite. Et tout se déroula comme la première fois, le cerf les emmena toujours plus loin et leur échappa. Puis il finit par disparaître complètement comme s'il n'avait jamais existé.

Les cavaliers s'arrêtèrent. Ils entendirent alors une douce mélopée ; intrigués, ils se mirent à chercher d'où elle provenait. Ils parvinrent silencieusement sur une petite colline et là, le spectacle qui les attendait leur fit aussitôt oublier la fièvre de la chasse et le merveilleux cerf.

Devant eux, dans une vallée peu profonde, il y avait une rivière dans laquelle se baignaient cent merveilleuses jeunes filles ; d'autres étaient assises ou dansaient et

chantaient au bord de l'eau. C'étaient les filles de Dula, le roi des Alan, accompagnées par leurs amies et leurs servantes ; elles célébraient au bord de la rivière la fête de la chasse.

« Que chacun enlève une jeune fille ! » chuchotèrent Hunor et Magyar. Les cavaliers lancèrent leurs chevaux et se précipitèrent vers la rivière.

Ils revinrent gaiement au campement avec leurs belles captives sans remarquer le cerf magique au museau étincelant qui les observait du haut de la colline.

Les jeunes femmes s'habituèrent rapidement à leur sort et à leur nouvelle patrie. Hunor épousa la fille aînée du roi et Magyar la cadette ; leurs compagnons épousèrent les autres jeunes filles. Et ils vécurent de longues années dans les marais verts et dans les forêts ; c'est ainsi que naquirent deux grands peuples : celui des Huns et celui des Magyars.

COMMENT LE JEUNE ORM VINT À BOUT DU GÉANT BERM

Le terrible géant Berm sévissait depuis longtemps dans le royaume d'Islande. Il était si grand et si fort que personne n'osait l'affronter. Un jour, le géant Berm aperçut le roi d'Islande au bord de la mer. Il s'approcha de lui et lui dit :

« Écoute-moi bien, roi d'Islande. Je veux que tu me donnes ta fille et la moitié de ton royaume. Si tu refuses, je prendrai moi-même ta fille et tout ton royaume. Mais j'accepte qu'un de tes barons se batte contre moi. Si je gagne, tu me donneras ta fille et la moitié du royaume ; si je perds, je n'exigerai rien de toi, je te laisserai en paix.»

Le roi rentra au palais et raconta à ses barons ce qui s'était passé sur le rivage. Il leur demanda :

« Lequel d'entre vous accepte-t-il de se battre contre le géant ? Qui est assez courageux pour se mesurer à lui ? »

Tous les barons baissèrent la tête et, gênés, gardèrent le silence. Tous, excepté le jeune Orm qui se leva et répondit d'une voix très assurée :

« Sire ! Si tu me donnes ta fille pour épouse et la moitié de ton royaume je combattrai le géant et je le vaincrai. »

Lorsque le géant apprit le nom de son adversaire, il éclata de rire si fort que des arbres furent déracinés dans la forêt et qu'une violente tempête se leva sur la mer.

« Comment un tel microbe peut-il prétendre m'écraser ? » dit-il en riant à gorge déployée.

Orm lui répondit fièrement :

« Même un petit homme peut abattre un gros chêne ! C'est d'ailleurs très fréquent ! »

Ils décidèrent de se rencontrer le lendemain matin.

A la tombée de la nuit, lorsque l'herbe se couvrit de rosée, le jeune Orm se rendit au cimetière. Il alla sur la tombe de son père et frappa la pierre. Une voix répondit :

« Qui frappe ainsi ? Qui que tu sois, va-t'en, laisse-moi reposer en paix ! »

« C'est moi, Orm, le fils que tu aimais tant. Je suis venu te demander un cadeau très précieux : donne-moi je t'en prie ta fidèle épée Berting. »

Il y eut un instant de silence puis la voix du père répondit :

« Je ne te la donnerai qu'à une seule condition : tu dois me jurer d'aller venger ma mort sur l'île d'Helm. »

Orm jura et son père lui donna l'épée.

Aux premières lueurs de l'aube, Orm se dirigea vers l'endroit convenu. Le roi et ses barons l'accompagnaient, le cœur serré d'angoisse. Le géant était déjà là, il les attendait impatiemment.

Ils dessinèrent sur le sol un immense cercle dans lequel ils pénétrèrent. Le jeune Orm dégaina l'épée de son père. Ils se battirent un jour, deux jours. Le troisième jour, Orm toucha le géant au genou, celui-ci s'écroula en faisant gronder la terre sous son poids.

« C'est la première fois », s'écria le roi, « que je vois quelqu'un toucher son adversaire si bas ! »

Orm lui répliqua :

« J'ai visé son genou parce que je ne pouvais pas l'atteindre plus haut. »

Le roi qui devait arbitrer le combat reconnut que le coup était valable et déclara Orm vainqueur.

Puis Orm se rendit au bord de la mer ; il s'embarqua sur un navire qui mit le cap sur l'île d'Helm. Il navigua un mois, deux mois ; au début du troisième mois, il accosta sur l'île d'Helm et partit à la recherche de ses deux ennemis mortels, Gierd et Arlande, qui avaient lâchement assassiné son père. Il finit par les découvrir.

« Dis-nous donc, jeune homme », lui dirent-ils, « connais-tu Orm ? On dit que c'est un homme très courageux. »

« Je le connais très bien », leur répondit Orm, « il porte sur ses épaules un manteau écarlate et viendra bientôt à Helm pour venger son père. »

Gierd et Arlande tapèrent du pied avec colère et s'écrièrent d'une voix tonitruante :

« Jamais Orm ne posera le pied sur l'île d'Helm ! Jamais il ne vengera son père ! »

Le jeune garçon dégaina alors son épée :

« Je suis Orm. Je suis venu châtier les traîtres et demander réparation pour la mort de mon père ! »

« Si tu es réellement Orm », répliquèrent Gierd et Arlande, « c'est la mort qui t'attend. Tu mourras de nos mains tout comme ton père ! »

Ils dessinèrent sur le sol un immense cercle dans lequel ils entrèrent tous les trois.

« Je me bats seul contre deux », leur dit Orm, « mais je gagnerai malgré tout. »

Ils se battirent un jour, deux jours, trois jours. Le troisième jour, une fée émergea de la mer et s'adressa à Orm par ces mots :

« Écoute-moi bien, jeune lion ! Ton épée est ensorcelée car la pointe de ton arme a touché le sol de cette île. Tu te bats courageusement mais si tu veux gagner, il faut conjurer le mauvais sort. Dessine un cercle au-dessus de ta tête avec ton épée puis enfonce-la dans le sol. Si tu ne le fais pas, jamais tu ne toucheras tes ennemis. »

Orm fit comme le lui avait indiqué la fée et le mauvais sort fut conjuré. Il reprit le combat et écrasa rapidement ses adversaires. Il chargea sur son navire un riche butin et revint dans son pays.

Le roi d'Islande l'accueillit à bras ouverts. Il lui offrit la main de sa fille et la moitié de son royaume. Et le géant Berm, me demanderez-vous ? Et bien, il s'était sagement retiré dans un autre pays. La leçon qu'il avait reçue lui avait suffi.

HISTOIRE DU CORDONNIER QUI RÊVAIT

Il était une fois dans la ville hollandaise d'Oosterlittens un pauvre cordonnier. Du matin au soir, il était penché sur son établi et tirait son aiguille. Sa femme était très économe mais ils vivaient pourtant dans la misère. Ils avaient grand-peine à nourrir leurs douze enfants. Le petit cordonnier gardait toutefois bon espoir ; il était persuadé qu'un beau jour la chance leur sourirait et que sa famille mangerait enfin à sa faim. Sa femme pensait qu'il était fou de croire à un tel miracle mais elle ne lui en soufflait pas mot, trop heureuse de le voir de bonne humeur.

Un beau matin, après un très modeste petit déjeuner, le cordonnier lui dit :

« Cette nuit, j'ai fait un bien étrange rêve. J'ai rêvé que sur le pont Papenbrug, à Amsterdam, je trouvais un trésor et que nous étions enfin riches. »

Sa femme éclata de rire.

« Heureusement qu'Amsterdam est loin d'ici ! Sinon, je crois bien que tu serais parti tout de suite en courant. Tu es bien assez fou pour le faire. Ne sais-tu donc pas encore que les rêves mentent ? »

Le cordonnier ne lui répondit pas. Il termina son petit déjeuner et se mit à travailler. Mais son rêve lui trotta dans la tête pendant toute la journée. Et le soir, en allant se coucher, il y pensait encore.

Dès qu'il s'endormit, il rêva une seconde fois que sur le pont Papenbrug, à Amsterdam, le bonheur l'attendait.

Le lendemain matin, il dit à sa femme :

« Sais-tu, j'ai fait le même rêve qu'hier ? »

Sa femme éclata de rire et lui répondit :

« La nuit, tu rêves ce que tu souhaites le jour. Ne crois pas aux rêves, ce ne sont que des sottises ! »

Mais la troisième nuit, il fit encore le même rêve. En se levant, le cordonnier dit à sa femme :

« J'ai de nouveau fait ce rêve étrange pour la troisième fois. Il n'y a rien à faire, je vais à Amsterdam. »

Sa femme n'éclata pas de rire cette fois-là. Elle se mit en colère et lui dit d'un ton sévère :

« Et tu vas abandonner ton travail pour un rêve stupide ! Si tu pars, tes clients trouveront un autre cordonnier et nous mourrons tous de faim ! »

Mais elle eut beau crier, son mari ne changea pas d'avis. Après son petit déjeuner, il partit pour Amsterdam.

Une fois arrivé en ville, il demanda au premier passant qu'il rencontra de lui indiquer la route pour Papenbrug. Il traversa le pont de bout en bout, en examina tous les recoins, mais ne trouva rien de particulier. Il commençait à se reprocher sa bêtise mais il ne voulait pas s'avouer si vite vaincu. Le deuxième jour, il traversa de nouveau le pont mais ne découvrit rien. Le troisième jour, ce fut exactement pareil. La nuit tombait lorsqu'un mendiant l'arrêta et lui dit :

« Excusez-moi, mon bon monsieur, mais cela fait trois jours que je vous vois chercher quelque chose. Puis-je vous demander de quoi il s'agit ? J'aimerais bien vous aider. »

Le cordonnier observa la mine du mendiant et il lui répondit :

« Ce que je cherche, ce n'est certainement pas vous qui le trouverez ! »

« Peut-être que oui, peut-être que non . . . » répondit le mendiant d'un air énigmatique. « Mais si vous ne me dites rien, je ne pourrai pas vous aider. »

Le cordonnier observa plus attentivement le mendiant, il réfléchit un instant et décida de lui confier son secret. Quand il eut entendu son récit le mendiant éclata de rire.

« Eh bien ! Vous êtes vraiment assez fou pour croire aux rêves ? Moi aussi, j'en fais de drôles, mais je n'en perds pas la tête pour autant ! Pourtant si vous saviez à quoi

je rêve ! A des assiettes fumantes, à des carafes pleines de vin, à un bon lit chaud . . . Mais ce ne sont que des bêtises ! En ce moment par exemple, cela fait trois nuits que je rêve la même chose. Dans la petite ville d'Oosterlittens habite près de l'église un cordonnier, et ce cordonnier a dans son jardin, sous un poteau, une marmite pleine d'argent. Croyez-vous que je vais m'y précipiter ? Pas du tout. Pour rien au monde je ne ferai une si longue route. Je ne suis pas tombé sur la tête, moi ! »

Le cordonnier sentit son cœur battre la chamade. Il parvint pourtant à cacher son émoi et répondit au mendiant :

« Vous avez sans doute raison. Il vaut mieux que je rentre à la maison ! »

Le mendiant le félicita pour sa bonne résolution. Puis ils se dirent adieu et le cordonnier reprit sans attendre le chemin du retour. Il arriva enfin chez lui.

« Ah, te voilà enfin ! » s'écria sa femme. « As-tu trouvé ce que tu cherchais ? Si tu rentres bredouille, tu es au moins sain et sauf ! »

Le cordonnier ne dit pas un mot ; il attrappa sa bêche et courut au jardin.

Sa femme le suivit ; elle perdit réellement patience cette fois.

« Qu'est-ce que c'est que ces nouvelles inventions ? Laisse la bêche et reprends plutôt ton aiguille ! Tes clients sont mécontents, leurs chaussures ne sont pas réparées. »

Le cordonnier ne lui répondit pas, il s'approcha du poteau et se mit à creuser. Sa femme levait les bras au ciel, le houspillait, mais il faisait la sourde oreille. Puis, tout à coup, il se baissa et ramassa une marmite

pleine de pièces d'or. Il se tourna vers sa femme et lui demanda :

« Que dis-tu de cela maintenant ? Penses-tu encore qu'il était inutile d'aller à Amsterdam ? »

Ils décidèrent de ne parler à personne de leur trésor et de continuer à vivre comme autrefois. Ils cachèrent les pièces d'or dans un endroit sûr et la femme utilisa la marmite pour faire la cuisine. Sur la marmite il y avait des mots écrits dans une langue étrangère qu'ils ne comprenaient pas ; ils eurent tôt fait de l'oublier.

Un jour, le pasteur leur rendit visite. Il s'installa en face du fourneau et remarqua aussitôt la marmite.

« Où avez-vous trouvé cette marmite ? » leur demanda-t-il avec curiosité.

La femme du cordonnier lui répondit d'un air indifférent :

« C'est une vieille marmite que j'ai achetée chez le ferblantier. Il y a quelque chose d'écrit mais nous ne savons pas ce que cela veut dire. »

Le pasteur se rapprocha pour mieux voir, il lut l'inscription et dit :

« Je comprends, c'est écrit en latin. Voilà ce que cela veut dire : 'Sous cette marmite, il y a une deuxième marmite.' C'est bien mystérieux . . . »

Le cordonnier ne lui répondit pas.

« Et bien, nous en savons autant qu'avant. Mais cela n'a pas d'importance ! » ajouta le pasteur.

Le cordonnier attendit impatiemment le départ de leur hôte pour attraper sa bêche et courir au jardin. Et, en effet, il ne tarda pas à déterrer une seconde marmite pleine d'argent.

Le petit cordonnier continua à travailler, à se courber au-dessus de son établi et à tirer l'aiguille. Mais plus jamais ses enfants n'eurent faim, plus jamais sa femme ne pensa qu'il était fou.

Si vous passez à Oosterlittens, vous pourrez voir dans son jardin un magnifique poteau en pierre qui indique l'endroit où il découvrit les deux marmites.

VRANE ET LA PRINCESSE

Il y a très longtemps de cela la Suède était gouvernée par le roi Sigrid. Il avait sept fils qu'il aimait plus que tout au monde. Lorsqu'ils furent en âge de se marier, le roi Sigrid envoya ses six fils aînés dans le royaume voisin pour y quérir des fiancées. Il les pria de ramener une septième jeune fille pour Vrane, son fils benjamin. Les six frères partirent donc ; ils se trouvèrent des fiancées mais oublièrent leur jeune frère. Ils regagnaient leur royaume en compagnie de leurs belles promises quand, sur le chemin du retour, ils s'égarèrent. Ils parvinrent devant une grande maison dans laquelle habitait le géant Haguel. Le géant avait entendu les chevaux approcher ; il sortit sur le perron et changea les six princes et leurs fiancées en pierres. Et le roi Sigrid attendit en vain le retour de ses fils.

Voyant son père chaque jour un peu plus triste, Vrane lui proposa un jour :

« Père, je vais partir pour le monde et je vous ramènerai mes frères. »

Mais le roi ne voulait pas perdre son dernier fils ; il lui interdit de partir. Vrane tenta de le persuader, en vain. Un beau matin, n'y tenant plus, il sella son cheval et se mit en route. Un peu plus loin, un corbeau affamé se posa près de lui et mendia quelques miettes de pain. Vrane lui offrit tout ce qu'i possédait. Le corbeau reconnaissant lui jura de l'aider. Il se posa sur l'épaule du jeune prince et il ne le quitta plus.

Un peu plus loin, Vrane aperçut au bord de la rivière une grande truite arc-en-ciel. Elle gigotait dans l'herbe et essayait désespérément de regagner le courant. Vrane mit pied à terre, lança la truite dans le courant et reprit sa route avec le corbeau sur son épaule. Ils chevauchèrent un certain temps et puis, soudain, un loup affamé leur barra la route. Il était si maigre que le vent le faisait vaciller. « Mon ami », dit le loup avec une voix humaine, « donne-moi ton cheval sinon je vais mourir de faim! »

« Mais, enfin, ce n'est pas possible ! » lui répondit Vrane. « Que deviendrai-je sans mon cheval ? Mais je vois que tu es réellement affamé. Puisqu'il doit en être ainsi, prends mon cheval ! »

Et en un éclair, le loup avala le cheval. Puis il s'adressa à Vrane :

« Grimpe sur mon dos, je vais te porter. »

Vrane n'avait jamais encore voyagé si vite. Ils avaient parcouru un long chemin lorsque le loup lui dit :

« Nous allons bientôt arriver près d'une maison où habite un méchant géant. Devant cette maison, dans le pré, tu verras douze pierres : ce sont tes frères et leurs fiancées. Si tu veux les libérer, tu dois entrer dans cette maison et parler avec la princesse Vaitsi. Le géant la retient prisonnière et la destine au dragon. »

Le prince aperçut en effet six grandes pierres et six plus petites. Entre les arbres se dessinait une grande maison ressemblant à un château. Les mains de Vrane se mirent à trembler. Mais il se ressaisit et alla frapper à la porte. La princesse apparut à une petite fenêtre et lui cria effrayée :

« Malheureux jeune homme ! Que viens-tu faire par ici ? »

« Le sort en est jeté désormais ! » répondit Vrane. « Aie pitié de moi, cache-moi dans cette demeure. »

La princesse le supplia de partir. Mais Vrane insista tant qu'elle lui ouvrit la porte et le cacha sous un immense lit.

Quelques instants plus tard, le géant Haguel rentra à la maison, il ouvrit la fenêtre en grand et s'écria :

« Je sens l'odeur de la chair humaine ! »

La princesse ne se troubla pas et lui répondit très calmement :

« Ce n'est pas l'odeur de la chair humaine ! Un corbeau survolait le toit et une de ses plumes est tombée par la cheminée. »

Cette réponse rassura le géant ; il alla se coucher et dormit toute la nuit. Au petit ma-

tin, après son départ, Vaitsi et Vrane essayèrent de trouver un moyen pour venir à bout du géant.

« Ce ne sera pas facile », lui dit la princesse, « car Haguel n'a pas de cœur. Mais laisse-moi faire, peut-être parviendrai-je à découvrir l'endroit où il cache son cœur . . . »

Comme de coutume, à la nuit tombée, le géant rentra à la maison. Aussitôt arrivé, il ouvrit la fenêtre en grand. La princesse lui donna la même explication que la veille. Et en se penchant par la fenêtre, Haguel aperçut en effet un corbeau qui survolait la maison. Comme le géant semblait d'excellente humeur, Vaitsi lui demanda en plaisantant :

« Dis-moi, Haguel, où as-tu caché ton cœur ? »

« Puisque tu veux le savoir, je vais te le dire. Je l'ai caché sous le seuil de ma maison. »

Le lendemain matin, dès que le géant fut parti, Vrane se mit à creuser mais il ne trouva point de cœur. Vaitsi cueillit dans le jardin une brassée de fleurs qu'elle déposa sur le perron. Le soir, le géant fut très étonné en les voyant : « Que signifient ces fleurs sur mon perron ? »

Vaitsi lui répondit le plus calmement du monde : « Je les ai posées près de ton cœur. Es-tu content ? »

Le géant éclata de rire puis il lui dit que c'était inutile parce que son cœur se trouvait ailleurs. Vaitsi le questionna tant qu'il finit par lui répondre :

« Puisque tu es si curieuse, je vais te le dire. J'ai caché mon cœur dans l'armoire, dans le coin de la chambre. »

Le lendemain matin, Vaitsi et Vrane se précipitèrent sur l'armoire. Ils fouillèrent chaque étagère, chaque tiroir mais ne trouvèrent point de cœur. Vrane commençait à désespérer. La princesse lui redonna courage. Elle fit un bouquet de fleurs qu'elle suspendit dans l'armoire.

Le soir, à son retour, le géant trouva les fleurs. Il demanda à Vaitsi ce que cela signifiait. La princesse lui répondit en souriant :

« Je voulais qu'elles soient près de ton cœur. »

Le géant éclata de rire.

« Mais que tu es sotte ! Mon cœur est bien loin d'ici, dans l'ouest sur une mare noire. Sur la mare nage un canard, ce canard tient dans son bec un œuf et dans cet œuf se trouve mon cœur. Est-ce que cela te suffit maintenant ? »

Vrane était caché sous le lit et ne perdait pas une parole. Dès que le géant partit le lendemain matin, Vaitsi et Vrane se précipitèrent hors de la maison. Ils appelèrent le loup, grimpèrent sur son dos. Le loup s'élança vers l'ouest. Ils traversèrent des montagnes couvertes de neige puis aperçurent dans le fond de la vallée une petite chapelle entourée d'une grille. Arrivés devant le portail, ils virent dans la cour une mare noire, bordée de cailloux blancs. Un trousseau de clés était suspendu sur le portail, mais il était si haut que ni Vaitsi ni Vrane ne purent l'atteindre.

Vrane appela le corbeau qui les avait suivis. En un rien de temps, l'oiseau noir leur remit les clés. Ils entrèrent aussitôt dans la cour et aperçurent sur la mare un canard sauvage. Vrane essaya de l'attraper mais l'animal lui échappa des mains et s'envola en abandonnant l'œuf qui tomba à l'eau. Vrane pensa alors à la truite arc-en-ciel ; il l'appela. La truite arc-en-ciel apparut à la surface de la mare et lui donna l'œuf. Le loup leur dit alors :

« Et maintenant, Prince, sers fort le cœur entre tes mains ! »

Vrane l'étreignit dans ses mains et on entendit une voix crier de douleur :

« Ne sers pas si fort ! Tu me fais mal ! »

« Je serrerai davantage », s'écria Vrane, « si tu ne libères pas à l'instant mes frères ! »

Le silence se fit. Vrane serra encore plus fort. La voix cria plaintivement :

« Arrête, pitié ! »

Puis elle ajouta dans un souffle :

« Tu peux aller chercher tes frères, ils sont libres. »

Vrane et la princesse grimpèrent sur le dos du loup ; il les ramena en quelques secondes devant la maison du géant. Dans le pré les attendaient les six frères de Vrane et leurs six fiancées. Ils s'embrassèrent, trop heureux de se retrouver enfin. Vaitsi et Vrane firent leurs adieux au loup et au corbeau puis revinrent au château du roi Sigrid avec les six princes et leurs fiancées. On ne tarda pas à célébrer sept beaux mariages dans le royaume. Vaitsi était la plus belle des mariées. Le roi Sigrid légua sa couronne au jeune Vrane qui était le plus courageux de ses fils. Vrane et sa bien-aimée vécurent de longues années de bonheur dans un merveilleux royaume.

LA QUÊTE DE LA LUNE ET DU SOLEIL

Il y a dans la lointaine Finlande deux contrées aussi différentes que le jour et la nuit. La première s'appelle Kalevala, c'est la terre des fils de Kaleva. La seconde s'étend au nord de la Finlande, elle s'appelle Pohjola, c'est le pays de la glace et du frimas. Tout y est gelé ; les lièvres et les ours sont en glace, les cygnes et les canards sont en neige ; même l'air qu'on y respire est tout blanc. Dans Kalevala par contre, l'eau chante joyeusement dans les rivières et les ruisseaux, les lacs regorgent de perches et d'abramis, de truites et de brochets ; les petites îles sont couvertes de pins et de sapins verts.

Deux frères habitaient autrefois dans Kalevala : le sage et vieux troubadour Väinämöinen et le forgeron Ilmarinen. La souveraine de Pohjola les détestait tout autant qu'elle haïssait Kalevala. Dès que l'occasion se présentait, elle cherchait à leur nuire.

Un jour Väinämöinen chantait en s'accompagnant sur son cantele. C'est un instrument taillé dans l'écorce blanche du bouleau et dont les chevilles sont en chêne. Une fée lui avait offert des cheveux dorés pour en faire les cordes. Sa musique était divinement belle. La lune l'entendit ; elle descendit du ciel et vint se poser sur la branche d'un bouleau pour mieux l'écouter. Le soleil abandonna aussi sa demeure dans les cieux pour descendre sur la cime d'un sapin et se laisser bercer par cette merveilleuse mélodie.

Louhi, la souveraine de Pohjola, les aperçut. Cette scène la rendit folle de rage et de jalousie. Elle voulut se venger de Väinämöinen. Elle arracha la lune du bouleau, attrapa le soleil à la cime du sapin et les emporta tous les deux à Pohjola. Elle cacha la lune sous un rocher et elle enferma le soleil dans une montagne en fer. Et comme sa colère ne se dissipait pas, elle alla voler le feu dans toutes les maisons de Kalevala.

Kalevala fut plongé dans les ténèbres, la lumière avait complètement disparu du ciel et des chaumières. Les habitants durent vivre sans feu ni lumière, dans le noir et dans le frimas. Ukko, le père des dieux, fit jaillir une étincelle avec son épée et la confia à la souveraine des airs pour qu'en naissent un soleil et une lune. Mais la flamme s'échappa, tomba sur terre et disparut.

Väinämöinen et son frère étaient eux aussi dans l'obscurité.

« Frère », dit l'aîné, le troubadour, « allons chercher cette flamme, nous ne pouvons pas rester éternellement sans feu ni lumière ! »

Et ils se mirent tous les deux en route. Ils marchèrent longtemps avant d'atteindre une large rivière. Là, ils coupèrent un arbre, Väinämöinen tailla une barque pendant qu'Ilmarinen préparait deux rames dans deux troncs de sapin. Ils mirent la barque à l'eau et ramèrent vers l'autre berge. Au milieu de la rivière, la fée des airs leur apparut et leur dit : «Dites-moi, humains, où allez-vous et que cherchez-vous dans ces contrées désertes ? »

« Nous allons chercher la lumière », répondit Väinämöinen, « nous voulons trouver le feu qui est tombé du ciel. »

« Prenez garde », leur répondit la fée,

« car cette flamme a déjà commis bien des méfaits. Elle est tombée sur les chaumières de Tuuri, elle a brûlé des jeunes garçons et des jeunes filles, elle a roussi la barbe du seigneur. Puis elle s'est enfuie à travers les champs en grillant le blé et les prairies avant de plonger dans le lac Alue. Mais la flamme ne s'en est pas tenue là. Elle a incendié le palais du brochet et la chaumière de la perche. Puis une truite l'a gobée, pensant mettre enfin un terme à ces folies mais la flamme lui a brûlé le ventre et la truite, folle de douleur, s'est mise à nager d'un bord du lac à l'autre. Le saumon l'a rencontrée, il a eu pitié d'elle et il l'a avalée, mais quelques instants plus tard, la flamme lui a brûlé le ventre et le saumon s'est mis à nager en tous sens comme s'il avait perdu l'esprit. Il a rencontré un gros brochet qui, pris de pitié, l'a avalé, mais cette flamme maudite le torture horriblement. Et maintenant, personne ne sait que faire ! »

Les deux frères en savaient assez, ils reprirent leurs rames et descendirent la rivière. Ils parvinrent dans un grand lac, le lac Alue. Ils accostèrent et avec du liber tressèrent un immense filet qu'ils plongèrent dans le lac. Ils demandèrent aux femmes d'un village voisin de les aider à rabattre le poisson. Ils lancèrent leurs filets un peu partout, dans les baies et près des îles, mais ils n'attrapèrent pas un seul brochet. Dans le lac, les poissons se plaignirent, disant qu'il n'y avait plus de bons pêcheurs en Finlande, puisque personne ne savait plus attraper un brochet.

« Ce n'est pas vrai ! » leur cria Väinämöinen. « Pourquoi donc n'y en aurait-il plus ? Chaque fois que l'un d'eux meurt, deux autres naissent qui pêchent avec des filets plus grands que ceux de leurs pères ! »

Les deux frères cherchèrent une graine de lin qu'ils plantèrent au bord du lac. Le lin poussa, et en une seule nuit les frères le cueillirent, le mouillèrent, le peignèrent puis le tressèrent en cône. Les femmes fabriquèrent ensuite un grand filet en lin que les frères plongèrent dans les eaux et tirèrent à travers le lac. Il pêchèrent des perches, des carpes, des jesses et des tanches, mais toujours pas de brochet.

Le vieux Väinämöinen se tourna vers le lac et s'écria :

« Puissant seigneur des profondeurs, aide-nous ! Prends un bâton et chasse tous les poissons qui se cachent dans les roseaux et au fond du lac. Aide-nous, fais-les venir dans notre filet ! »

Des vagues sombres se levèrent à la surface du lac, et tout à coup le héros des eaux, le seigneur du lac, apparut. Il monta sur la berge, coupa un grand sapin et demanda aux deux frères :

« Dois-je terroriser les poissons ou simplement les effrayer un peu ? »

« A votre guise, seigneur. Mais nous vous en supplions, aidez-nous ! » lui répondirent les deux frères.

Et il se mit à frapper l'eau avec le tronc de sapin comme s'il ne tenait qu'une minuscule brindille. Des bancs de poissons se pressèrent à la surface et en peu de temps l'eau fit des bouillons dans le filet. Les deux frères le tirèrent sur la rive, ils examinèrent ensuite les poissons un à un.

Väinämöinen trouva enfin le brochet.

« Et maintenant ? » demanda-t-il d'un air très embarrassé. « Comment pourrais-je l'ouvrir quand je n'ai ni gant de fer, ni gant

de pierre, ni gant de cuivre pour me protéger du feu ? »

A peine avait-il prononcé ces paroles qu'un long couteau tomba d'un nuage ; le manche était en or et la pointe en argent. Väinämöinen ouvrit le brochet et sortit de son ventre un saumon brillant. Il ouvrit le saumon et tira de son ventre la truite arc-en-ciel. Il ouvrit la truite et en sortit une bobine bleue. Il défit la bobine et y trouva une pelote rouge. Il dénoua la pelote rouge et aperçut enfin la petite flamme.

A présent, il lui fallait trouver un moyen pour la ramener à Kalevala. Väinämöinen y réfléchissait, quand soudain la flamme sauta, lui grilla les moustaches, brûla Ilmarinen au visage et à la main et s'enfuit dans la forêt. Elle grimpa sur un genévrier, brûla les buissons aux alentours ainsi que la forêt d'épicéas et de pins et elle continua sa course folle.

Väinämöinen se lança à sa poursuite. Il finit par la découvrir dans une vieille souche toute pourrie. Il essaya alors de l'amadouer et de la convaincre de rentrer.

« Jolie petite flamme, reviens chez les hommes et cesse d'être méchante ! Tu serais bien mieux au chaud dans un poêle avec les cendres ; le jour tu flamberais gaiement et tu aurais du bois de bouleau. La nuit tu pourrais scintiller comme de l'or. Tu ne manquerais de rien. Viens avec moi ! »

Il attrapa le feu dans de l'amadou sec qu'il glissa dans un chaudron en cuivre. Puis il l'emporta au village. Et le feu ne tarda pas à crépiter joyeusement dans toutes les chaumières.

Pendant ce temps, Ilmarinen soignait ses brûlures avec de la neige, de la glace et des baumes. Une fois ses blessures guéries, il rentra chez lui.

Les gens avaient de nouveau du feu mais il faisait toujours aussi noir dehors. Le soleil et la lune ne réchauffaient plus Kalevala. Les blés étaient gelés ; les hommes et les bêtes tremblaient de froid dans une nuit perpétuelle. Ils allèrent trouver Ilmarinen et lui demandèrent de forger un autre soleil et une autre lune. Le forgeron fabriqua une lune en argent et un soleil en or. Il plaça la lune à la cime d'un grand pin, il monta le soleil sur un grand sapin. Il avait fait de son

mieux mais tous ses efforts restèrent inutiles, car sa lune et son soleil ne voulaient pas briller.

Väinämöinen coupa alors les branches d'un aulne et les lança sur le sol. D'après leur position, il découvrit où étaient cachés la lune et le soleil. Il s'arma alors de son épée et partit pour Pohjola ; il y repoussa les guerriers de Pohjola et parvint au pied de la montagne en acier.

Il tapa de toutes ses forces sur le sommet et y fit une fissure. Il regarda par la fente et aperçut deux dragons qui dévoraient bruyamment des monceaux de nourriture. Il agrandit la fente et se rua sur les deux monstres et leur coupa la tête. Au fond de la grotte, il découvrit une porte en fer mais elle résista à ses coups d'épée. Il dut abandonner.

Il rentra à la maison et alla trouver son frère Ilmarinen : « Frère, forge-moi douze haches, un trousseau de clés et des lances, nous irons ensuite libérer ensemble le soleil et la lune. »

Ilmarinen attrapa un marteau et se mit au travail. Il frappait de toutes ses forces le fer sur son enclume. Ses coups résonnaient dans tout le pays ; même Louhi, la souveraine de Pohjola, les entendit. Intriguée, elle se changea en milan gris, vola jusqu'à la forge d'Ilmarinen et se posa sur sa fenêtre.

« Que fais-tu donc, forgeron ? » lui demanda-t-elle.

Ilmarinen lui répondit : « Je forge des chaînes pour la méchante souveraine de Pohjola. Dès qu'elles seront prêtes, nous irons l'attacher à un rocher pour qu'elle nous laisse enfin vivre en paix ! »

La souveraine de Pohjola prit peur, elle rentra bien vite sur ses terres et s'empressa de libérer le soleil et la lune.

Lorsqu'il sortit de sa forge, Ilmarinen aperçut le soleil qui brillait dans le ciel, il faisait grand jour. Il embrassa Väinämöinen. Les deux frères levèrent ensuite la tête vers le ciel et le vieux et sage troubadour s'écria :

« Sois la bienvenue, lune ! Sois le bienvenu, soleil ! Vous nous avez tant manqué ! Vous voilà de retour comme l'hirondelle au printemps ! »

Et la terre de Kalevala retrouva la joie de vivre. Les champs et les prairies reverdirent, l'eau se remit à chantonner dans les rivières et les ruisseaux. Et les deux frères continuèrent leur paisible vie.

IANKO ET SA FIANCÉE

Le bon Ianko, seigneur serbe de Sibine, avait choisi pour fiancée une jeune fille qui habitait un pays lointain, au-delà de la mer. Le roi Mikhaïl lui avait promis la main de sa fille depuis fort longtemps, mais il repoussait sans cesse la date de leur mariage. Il la repoussa d'une année, puis d'une autre, et finalement de neuf années.

En hiver, au-début de la dixième année, Ianko entendit une voix aiguë crier sous sa fenêtre :

«Laisse-moi tranquille ! Arrête sinon je te rosse le dos ! Crois-tu que je vais me plier à tous tes caprices comme Ianko à ceux du roi Mikhaïl ? »

En s'approchant de la fenêtre, Ianko aperçut dans la cour deux jeunes enfants qui se bousculaient. Ce qu'il venait d'entendre l'avait mis en colère. Il courut à l'écurie, jeta sur son cheval brun sa meilleure selle, une couverture brodée d'or ainsi que son harnais. Il grimpa quatre à quatre les marches de l'escalier de la tour blanche pour passer son plus bel habit en soie et prendre son sabre. Puis il sauta sur son cheval qui galopa jusqu'au port, pour embarquer sur un navire.

Il navigua jusqu'en terre latine et se trouva bientôt devant le château du roi Mikhaïl. Le roi vint à sa rencontre dans la cour et lui dit fort aimablement : « Sois le bienvenu, Ianko ! Allons boire du vin ! »

« Je ne suis pas venu pour boire du vin », lui répondit sèchement Ianko, « mais pour chercher ta fille. Cela fait maintenant dix ans que tu me promets sa main ! Vas-tu enfin te décider ou bien dois-je me servir de mon sabre ? »

« Mais voyons, ne t'agite pas ainsi ! » dit le roi Mikhaïl pour le calmer. « Allons boire d'abord, nous parlerons ensuite de notre affaire. »

Pendant deux jours entiers, les fêtes se succédèrent. Le troisième jour, le roi lui dit :

« La main de ma fille est à toi. Je vais préparer vos noces. Reviens avec ta suite. Mais écoute mon conseil : ne choisis pas des jeunes hommes intrépides, emmène plutôt de sages vieillards, des marchands et des bourgeois. »

Ianko accepta sa proposition. Il fit ses adieux au roi. Mais au moment de monter en selle, une petite lucarne en haut du donjon s'entrouvrit et Ianko reçut sur la poitrine une feuille blanche aussi fine qu'un pétale de rose. Il l'ouvrit et lut :

« Doux ami, ne choisis pas des vieillards pour t'accompagner mais des gentilshommes qui savent manier le sabre. Sinon, tu ne me reverras jamais et tu périras dans la tour ! »

Ianko était très étonné, il ne comprenait pas ce que signifiait ce message qui l'intrigua pendant tout le voyage.

De son retour sur ses terres, il invita ses amis : il fit appel à Starina Novak, Relja ainsi que Miloš Obilic, et il choisit pour écuyer et futur garçon d'honneur le prince Marko. Quelques jours plus tard, le prince Marko arriva à son château, accompagné par cinq cents de ses hommes aussi vifs que le feu. Le duc Miloš accompagné de cinq cents jeunes hommes aussi rapides que l'éclair arriva de Kosovo, ainsi que Relja, suivi par cinq cents de ses fidèles. Seul Starina Novak manquait à l'appel. Ils partirent à sa recherche dans la montagne Romania. Ils l'appelèrent si fort que les arbres dans les forêts se mirent à trembler. Novak et ses amis sortirent des buissons; Novak s'avança vers Ianko, le serra dans ses bras et lui dit d'une voix désolée :

« Je n'irai pas à ton mariage car je n'ai plus un seul ducat. Et je ne puis y aller les mains vides, sans le moindre présent. »

Marko tira sa bourse et offrit cent ducats à Starina, Relja et Miloš ajoutèrent aussi cent ducats ; chacun lui donna quelque chose. Puis ils se mirent tous en route pour le pays latin.

Le roi Mikhaïl les attendait déjà, il jubilait à l'idée des riches présents qu'il allait recevoir. Pendant ces neuf longues années, il avait promis la main de sa fille à neuf autres seigneurs. Lorsqu'ils étaient venus chercher leur fiancée, le roi les avait fait enfermer dans ses prisons et s'était emparé de leurs cadeaux. Neuf tours de son château étaient pleines d'or. La dixième tour était prête.

Le jour des noces arriva. Le cortège du fiancé apparut enfin devant les remparts du château. En regardant par la fenêtre, le roi pâlit : le seigneur n'était pas accompagné de vieillards mais de bouillants jeunes gens solidement armés et montés sur de rapides chevaux. Il alla les accueillir entouré de ses soldats et dit à Ianko :

« Tu dois mériter ma fille. Prépare-toi à combattre ! Si tu arrives à lancer cette pierre plus loin que nous, tu pourras épouser ma fille. Si nous la lançons plus loin que toi, je te ferai décapiter ! »

Cet étrange accueil étonna Ianko, mais il accepta toutefois de se battre. Il allait prendre la pierre quand le prince Marko le retint ; il la ramassa lui-même et la lança si loin que personne ne la vit retomber. Tous les spectateurs étaient béats d'admiration.

Mais cela ne suffisait pas au roi Mikhaïl.

« Vois-tu cette branche dans l'arbre ? Tu dois sauter par-dessus. Si tu y parviens, tu épouseras ma fille. Si tu ne la franchis pas, je te ferai couper la tête ! »

Ianko se prépara à sauter mais Miloš fut plus prompt que lui et s'envola par-dessus la branche comme un oiseau.

Le roi fit venir un géant à trois têtes, aussi noir que le charbon. Il dit à Ianko d'un ton railleur :

« C'est à lui que tu dois te mesurer maintenant. Si tu l'emportes, tu épouseras ma fille. Si tu es vaincu, tu perdras en même temps la vie. »

Mais avant que Ianko n'ait eu le temps de réagir, Relja fondit sur le géant. Ce dernier l'assoma cependant et le fit rouler à terre. Puis il le chargea sur ses épaules et l'emporta au château. Il passa neuf portes, cadenassées par dix-huit chaînes. Il retourna ensuite dans la prairie, prêt à affronter un second adversaire.

Le monstre ne fit qu'une bouchée de Miloš et du prince Marko qui furent tous deux enfermés dans un cachot. Ce fut au tour de Starina d'affronter le géant. Il revêtit dix fourrures les unes sur les autres et, en guise de casque, trois têtes de loup. Le jeune Grujik lui apporta un petit sabre court en lui disant : « Il te faut un petit sabre pour le vaincre. Mais n'attends pas qu'il t'attaque. Frappe le premier ! »

Starina attrapa le sabre et fondit sur le géant. D'un seul coup, il lui trancha ses trois têtes.

Voyant que la situation tournait à l'avantage de Starina, le roi ordonna de fermer les portes du château mais il était trop tard. Starina était déjà sur les remparts suivi par tous ses hommes. En une seconde ils étaient au pied de la prison ; d'un coup d'épée ils fendirent les dix-huit chaînes, défoncèrent les neuf portes et libérèrent leurs amis.

Ianko grimpa dans le donjon à la poursuite du roi Mikhaïl. Arrivé sur la dernière marche, le roi fit volte-face et leva son épée; mais il fit un pas dans le vide et s'écrasa dans la cour.

Ianko et ses amis démolirent les remparts et incendièrent le château. Le jeune seigneur conduisit sa fiancée dans son pays. On célébra leur mariage pendant quinze jours et quinze nuits. Puis les fidèles amis repartirent. Mais chaque fois qu'ils venaient à passer près du château de Ianko, ils y faisaient halte et racontaient avec beaucoup de plaisir leurs vieilles aventures au pays du méchant roi Mikhaïl.

COMMENT LE SEIGNEUR DE LECZY PERDIT SA FORCE

Autrefois en Pologne, à Leczy, s'élevait un magnifique château dont il ne reste aujourd'hui qu'un amas de ruines. On peut encore voir quelques remparts à moitié écroulés et un labyrinthe souterrain de couloirs et de caves presque bouché par le sable. Le diable habita fort longtemps dans ces ruines ; il était vieux, il n'en sortait presque jamais et y dormait jour et nuit. On raconte dans le pays qu'il veillait sur des trésors enfouis dans les caves du château. Ces richesses suscitaient bien des envies, mais personne n'osait s'y aventurer par peur du diable.

Dans un village non loin du château vivait un jeune noble. Il avait des épaules si larges qu'il passait difficilement par les portes ; ses mains ressemblaient à de véritables battoirs et il était si fort que tout le monde s'effaçait devant lui. On racontait qu'il tenait sa force du diable et qu'il avait conclu un pacte avec lui. Le jeune homme ne l'avait jamais nié d'ailleurs ; quand on lui en parlait, il se contentait de sourire sous

ses moustaches. Personne ne l'attaquait, même en plaisantant. Aussi le jeune noble devint-il très prétentieux. Il affirmait partout où il allait qu'il était le plus fort du pays et même de toute la Pologne. Personne ne cherchait à lui prouver le contraire.

Chaque fois qu'il s'arrêtait dans une auberge, il levait son verre à la santé du diable.

« A ta santé, Seigneur Frère ! »

On entendait alors un rire sauvage qu faisait trembler le sol et une voix grondant répondait :

« A ta santé ! »

Les années passaient ; l'homme buvai énormément et n'oubliait jamais de leve son verre à la santé du diable. Comme se coffres se vidaient, il n'allait plus à d grands banquets mais se contentait des auberges de village. Il dut bientôt y renoncer, et se mit alors à boire avec des compagnons de hasard qu'il croisait sur sa route. Et puis, un beau jour, sa bourse fut complètement vide et il se retrouva dans la misère. Il se souvint des trésors qui dormaient sous le château mais la présence du diable le fit hésiter. Lorsqu'il n'eut plus le moindre sou, il s'endetta. Il décida enfin de tenter sa chance. Il enfila un long manteau avec de profondes poches, attacha à sa ceinture trois énormes besaces, prit une torche et, avant que minuit ne sonne, se rendit au château. Il trouva l'entrée du souterrain et d'un pas ferme et résolu se lança dans les sombres couloirs humides. Il traversa de nombreuses caves mais finit par se perdre dans le dédale des couloirs. Il errait depuis deux heures en cherchant une issue quand il parvint tout à coup devant une vieille porte rongée par l'humidité. Il l'enfonça d'un coup d'épaule, la porte céda et il resta sans voix devant le spectacle qui s'offrit alors à lui.

La pièce était remplie de montagnes d'or, d'argent, de perles, de colliers, de bracelets, de pierres précieuses de toutes tailles et aux splendides couleurs.

Il allait emplir ses poches de ces merveilles quand il aperçut, haut perchée sur un tas d'or, une chouette qui le fixait de ses énormes yeux ronds.

L'homme blêmit, il s'immobilisa puis, au bout d'un instant, s'inclina devant la chouette et lui dit :

« Je te salue respectueusement, Seigneur Frère ! »

La chouette lui répondit d'un léger signe de tête. L'homme ne pouvait plus résister, il se mit à remplir avidement ses besaces, attrapant tout ce qu'il pouvait. Lorsque ses besaces furent pleines à ras bord, il remplit ses poches, mais cela ne lui suffisait pas encore. Il enfourna dans sa bouche une pleine poignée de pièces d'or ; ses joues semblaient prêtes à éclater.

Il s'inclina devant la chouette et quitta la pièce. La porte se referma derrière lui et sa torche s'éteignit. Il se perdit dans le dédale des couloirs ; ses besaces devenaient à chaque pas un peu plus lourdes. Quand il eut enfin trouvé la sortie, il se sentit terriblement faible et ses jambes le portaient à peine.

Il s'effondra dans l'herbe devant le château et ne revint à lui qu'après un long moment. Il abandonna ses besaces d'or et d'argent, cracha les pièces d'or, vida ses poches jusqu'au dernier sou et rentra chez lui plus mort que vif.

Il devint aussi faible qu'une mouche et jamais ne retrouva sa force légendaire. Il se querella une fois avec un voisin pour un arpent de terre ; les deux hommes en vinrent aux mains. Le voisin le souleva comme une plume et l'envoya rouler à terre si violemment qu'il faillit lui rompre les os. Puis il disparut un beau jour et personne ne le revit jamais. Sa maison resta abandonnée, en proie aux pluies et aux vents ; les murs ne tardèrent pas à s'écrouler.

Les besaces remplies d'or demeurèrent fort longtemps dans le pré au pied du château ; les passants faisaient un large détour pour les éviter et personne n'osait les toucher. Une nuit, elles disparurent. On raconte que c'est le diable qui les ramena dans les caves du château de Leczy. Et il paraît qu'il veille encore sur ces trésors . . .

LE MOINE OISEAU

Dans le nord de la Slovaquie s'élèvent les magnifiques pics des Hautes Tatras. On prétend que ce sont les plus petites montagnes du monde, non par leur hauteur mais par leur superfice : elles tiendraient presque dans la paume d'une main. On raconte de nombreuses légendes à leur sujet. Dans leurs rochers vivraient des moines ensorcelés, des diables et des démons, des ermites et des chercheurs de trésor. On raconte même que les montagnes ne seraient qu'une armée de soldats tatars changés en pierres.

Dans les ruisseaux, les grenouilles auraient de l'or dans la gorge et chaque lac de montagne serait relié à la mer. On dit encore que lorsqu'une tempête se lève en mer, des vagues agitent l'eau des lacs et on voit parfois même apparaître des épaves de navires qui ont coulé quelque part dans la mer du Nord.

Dans ce pays de légendes et de contes, tout est possible. Une très ancienne légende raconte l'histoire d'un moine herboriste qui apprit à voler. La voici :

Un jour, les moines de Tcherveny Klashter découvrirent sur les berges du Dunajec un garçon abandonné. C'était en automne, un vent froid soufflait des montagnes et une neige épaisse couvrait le sol. L'enfant était complètement transi de froid, il avait failli mourir. Il s'appelait Martin et était seul au monde. En été, il aidait les bergers à garder les moutons ; en hiver, il dormait sur le foin dans le village. Les moines eurent pitié de lui et le recueillirent. Ils le nourrirent et l'habillèrent. En échange, le petit Martin travaillait dans le jardin, il aidait un vieil herboriste qui veillait à la santé de ses frères moines.

Le garçon grandit et comme il ne savait pas où aller, il demeura au monastère et se fit moine. Il reçut le nom de Cyprien. Le vieil herboriste l'aimait comme son propre fils, il lui apprit tout ce qu'il savait. A la mort du vieil homme, Cyprien le remplaça. C'était maintenant un moine instruit, connaissant beaucoup de choses qu'ignoraient ses frères. Il aimait les plantes plus que tout au monde. Il allait les ramasser sur les berges des lacs de montagne, dans les bois et sur des rochers inaccessibles. Les gens l'aimaient bien, on venait même le voir de très loin. Les mères conduisaient au monastère leurs enfants chétifs ; les jeunes comme les vieux, les hommes comme les femmes venaient se faire soigner. Cyprien avait toujours pour chacun d'eux une herbe ou une racine ou bien un bon conseil.

Un jour Cyprien ramassait des plantes dans les Tatras comme de coutume. Il entendit soudain tinter des clochettes ; il leva la tête et aperçut un troupeau de moutons qui s'approchait sur la pente. Ils étaient gardés par une jeune bergère ; elle sourit à Cyprien et se mit à bavarder avec lui. Cyprien lui parla des plantes, la bergère l'écoutait ; elle était si belle qu'il s'en éprit aussitôt. Ils se revirent souvent. La bergère l'attendait avec son troupeau de moutons au bord du lac, elle guettait toujours avec impatience l'apparition du moine sur le sentier.

Mais la route entre Tcherveny Klashter et les Tatras était bien longue. Cyprien s'occupait de son herbier, des remèdes, de la pharmacie du monastère, il était très occupé. Lorsqu'il devait rester au monastère, il était triste et malheureux, la jeune bergère lui manquait. Et il s'ennuyait tant d'elle qu'il chercha un moyen qui lui permît de la voir tous les jours.

Comme c'était un homme instruit et qu'il connaissait bien des choses, il inventa un miroir magique. Il ponça longuement une plaque de verre, la frotta avec diverses pré-

parations et poudres diluées qui en firent un miroir magique. Chaque fois qu'il ne pouvait rejoindre la belle bergère dans les Tatras, il s'enfermait à sept tours dans sa cellule de moine et regardait le miroir enchanté ; la jeune bergère y apparaissait avec ses moutons, les fleurs des champs et la brume dans le fond de la vallée.

Mais plus il regardait le visage de la jeune fille, plus il était malheureux. Le miroir ne lui suffisait plus. Il réfléchit au moyen de parcourir cette distance le plus rapidement possible, comme l'aigle qui vole plus vite que le vent. Il décida de fabriquer des ailes.

Il se retira dans sa cellule. Il ne dormit pas pendant treize jours et treize nuits ; il calculait, mesurait et collait sans cesse les grandes ailes. Puis, la dernière nuit, il les lança discrètement par la fenêtre et les cacha dans un fourré. Le lendemain matin, il

s traîna de l'autre côté de la rivière, grim-
a sur un rocher élevé et s'attacha fébrile-
ent les ailes aux bras. Il battit des ailes
omme il l'avait observé chez les oiseaux, fit
n petit bond et s'élança dans les airs.

Il poussa un cri de joie : il volait. Il tra-
ersa la vallée pour se diriger vers les hauts
ommets des Tatras. Il admira l'éclat bleu-
ert des lacs, les étincelles jaune cuivré des
élèzes, les pentes enneigées, les crêtes den-
telées et les merveilleux pics. Il montait et descendait, survolait les lacs sans pouvoir quitter des yeux ce merveilleux paysage. Puis il mit le cap sur les alpages, là où l'attendait la belle bergère. Il l'aperçut soudain ; ses moutons ressemblaient, vus du ciel, à du duvet mousseux, la bergère était assise sur l'herbe. Elle porta brusquement la main au-dessus de ses yeux en apercevant cet étrange oiseau.

Tout à son bonheur, Cyprien ne remarqua pas au-dessus des pics de lourds nuages noirs. Un éclair de feu stria tout à coup le ciel, il brûla les ailes du jeune moine qui fut précipité sur la berge du lac et changé en rocher pour l'éternité.

Il est écrit dans les livres anciens qu'un moine du nom de Cyprien a réellement vécu au milieu du XVIIIe siècle dans un monastère sur les bords du Dunajec. Il était à la fois herboriste, pharmacien, barbier, cuisinier et aussi guérisseur. Mais il existe d'autres versions sur la fin de sa vie. Certains affirment qu'il passa le reste de ses jours dans une cellule monacale d'où il lui était interdit de sortir. D'autres prétendent qu'il fut enfermé en prison où il vécut enchaîné jusqu'à son dernier jour parce qu'il avait vendu son âme au diable pour apprendre à voler et à fabriquer des miroirs magiques.

Mais quelle que fût sa fin, on peut encore voir près du lac bleu une roche foncée qui rappelle la silhouette d'un homme portant une longue robe de moine et un capuchon rabattu. Lorsqu'un orage éclate au-dessus de la crête des montagnes, les éclairs viennent frapper le rocher solitaire et les habitants de la vallée se souviennent alors du jeune moine herboriste.

LE BERCEAU DE LA PRINCESSE LIBUŠE

Il y a très longtemps de cela, le prince Přemysl et sa femme Libuše régnaient sur la Bohême. Přemysl faisait preuve de beaucoup de sagesse et de fermeté dans ses décisions. Libuše était très aimée par son peuple car elle était bonne, juste et généreuse ; elle possédait en outre un don de clairvoyance et elle avait plus d'une fois prédit l'avenir de son peuple.

Libuše allait souvent au pied de la colline sur laquelle s'élève le château princier de Vyšehrad. Près du château coule la rivière Vltava. La princesse aimait beaucoup s'y baigner, c'était son endroit préféré. Il lui était souvent arrivé en scrutant le courant de voir dans les reflets du soleil ou de la lune des événements futurs et l'avenir de son pays.

Un jour, elle regardait comme tant d'autres fois le courant. Elle était penchée au-dessus de l'eau. Ses dames de compagnie se tenaient en arrière, à quelques pas

d'elle. Elles l'observaient en silence pour ne pas la déranger dans ses méditations. Elles étaient cependant très inquiètes parce que Libuše était devenue pâle comme un linge, comme si elle avait entrevu quelque chose de terrible. Elle se cacha les yeux à plusieurs reprises et porta sa main devant sa bouche comme pour tenter d'étouffer un cri qui montait en elle.

Puis elle poussa un profond soupir, comme sous le poids d'un fardeau trop lourd. Elle dit à ses suivantes d'une voix triste et tremblante :

« Je vois sur l'eau des lueurs d'incendi et le reflet des flammes. Je vois des villes e des villages brûler ainsi que des châteaux e de hautes bâtisses. Tout tombera en ruine es gens mourront, les innocents aussi bien ue les coupables. »

Elle arrêta tout à coup, ses forces semlaient l'abandonner. Mais elle se ressaisit apidement et poursuivit :

« Des hommes se battent dans les lammes. Je n'entends que plaintes et laentations, je ne vois que batailles et blesures, je vois du sang couler. De toutes arts, il n'y a qu'humiliation, injustice et isère révoltante. »

Les servantes étaient désespérées de voir eur souveraine souffrir ainsi. Elles lui aportèrent le berceau doré de son fils aîné our la consoler. Il était vide. Libuše prit le erceau qu'elle serra très fort dans ses bras. lle demeura un moment immobile, son viage se détendit, ses yeux retrouvèrent leur clat. Elle embrassa alors le berceau et abandonna sur les flots. L'eau clapota, le erceau tangua un peu et il sembla que le ourant allait l'entraîner. Mais, tout à coup, s'enfonça. On ne vit plus bientôt qu'un âle reflet dans les remous sombres puis il isparut complètement. Du sable noir reonta du fond de la rivière, puis la surface edevint lisse ensuite et le courant emporta écume.

Libuše s'était penchée au-dessus de la riière et avait suivi le berceau des yeux aussi ongtemps que possible. Après un long sience, elle dit d'une voix sourde et lasse :

« Petit berceau, repose-toi au fond de la vière en attendant ton heure. »

Elle regarda de l'autre côté de la Vltava ; berge était couverte par une forêt sombre ouée çà et là de lumière. Libuše ajouta ans un mumure :

« Aucune nuit n'est éternelle. Tu ne restes pas toujours au fond des eaux. Un jour iendra où cette terre connaîtra de nouveau bonheur. Mon peuple se lèvera alors et ccomplira tous les rêves qu'il avait bercés. sera enfin débarrassé de ses tourments et retrouvera sa grandeur. Tu remonteras lors à la surface pour assister à sa gloire ! »

Libuše détourna son regard et fit signe ses dames de compagnie qu'il était grand temps de rentrer à Vyšehrad.

Dès lors, le berceau doré de la princesse Libuše reposa au fond de la Vltava.

La Bohême souffrit de bien des maux ; beaucoup de gens regardèrent la Vltava au pied de la colline de Vyšehrad, espérant apercevoir le berceau mais en vain. On crut parfois entrevoir un petit scintillement dans les eaux sombres mais le reflet s'évanouissait rapidement et l'eau noire reprenait paisiblement son cours.

Le berceau n'apparut qu'une seule fois. Il remonta lentement à la surface à la naissance de Charles IV, que les Tchèques appelèrent plus tard le Père de la patrie. On raconte que des pêcheurs ramenèrent le berceau au château et que le jeune prince y dormit souvent. A sa mort, le berceau regagna l'eau profonde au pied de la colline de Vyšehrad. Et depuis, le berceau attend patiemment son heure.

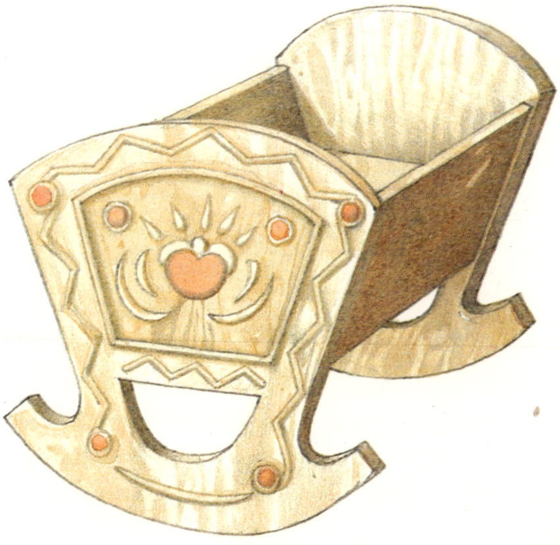